ふんわりしっとり

生地がおいしい米粉シフォン

みのすけ通信お菓子教室
柳谷みのり

文化出版局

はじめに

私がお菓子業界に飛び込んだ18歳のころ、他にはない美しいフォルムとふわふわの食感のシフォンケーキに憧れていました。ところが製菓学校でしっかりと習うこともなく、勤め先のケーキ屋さんでも取り扱っていなかったので、わからないことばかり。仕事の合間を縫って本を読んだり、食べ歩きをして知識を少しずつ積み上げていきました。もちろん試作で失敗したことも数えきれないほど。こうした努力を十数年続けて、ようやく私が納得できる自慢のシフォンケーキのレシピにたどり着きました。

本書では17cmのシフォン型ですべてのシフォンを作っていますが、20cmのシフォン型を使う場合の分量も各シフォンに併記しています。お持ちのシフォン型に合わせて作ってください。

さらに粉をふるわなくてもいい米粉を使ったシフォンケーキにも挑戦！ 初めて口にしたときのふんわり食感と、しっとりとしてのどごしがいいことに衝撃を受け、すっかり魅了されました。そこでこの感動を多くの方に伝えたいと思い、さっそく教室のメニューに加えたところ、「米粉シフォンってこんなにおいしいんですね。びっくりしました」「家族が喜ぶので繰り返し焼いています」「おみやげに喜ばれます」と、たくさんうれしい感想が届きました。以来、教室の看板メニューになり、米粉シフォンのレッスンを心待ちにされている方が数多くいらっしゃいます。

私は日本人の主食であるお米を使ってこんなにおいしいお菓子ができることをもっともっと多くの方々に知っていただきたいと願っています。この本を手に取ってくださった方々と私の想いを共有できたら、それ以上の喜びはありません。ぜひ、本書でご紹介する30種類のうちのどれか一つからチャレンジしてみてください。おいしさだけでなく、手軽に作れる喜びも感じていただけると信じています。

柳谷みのり

Contents

Plain

プレーン生地

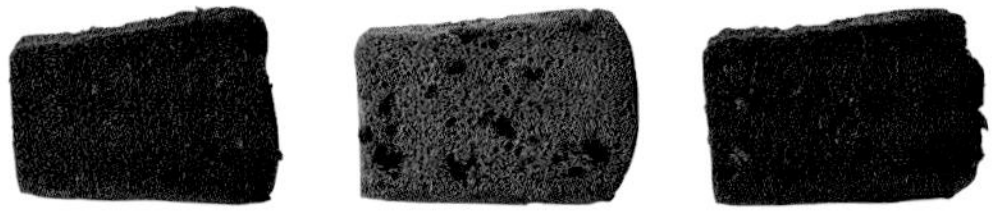

Chocolate

チョコ生地

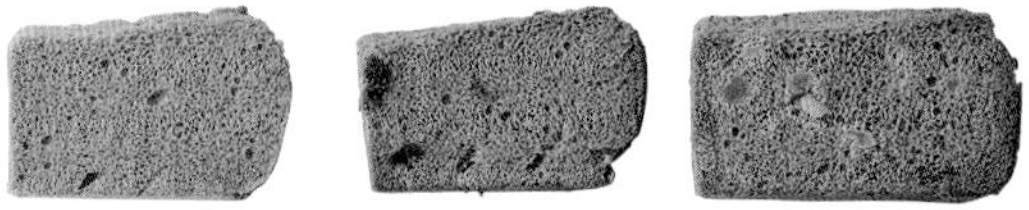

Black Tea

紅茶生地

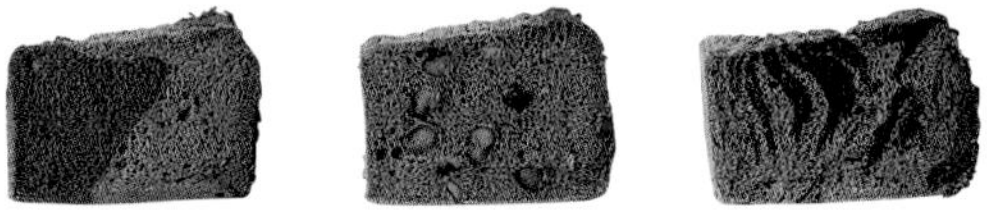

Matcha

抹茶生地

Caramel

キャラメル生地

・本書で使ったティーバッグは1袋2gのものです。

・スイートチョコレートはすべてカカオ分58%のものを使用しています。フレークのもの以外は板でもタブレットでもOKです。

・オーブンは電気オーブンを使っています。機種によって火加減が多少異なるので、焼き加減を見ながら調節してください。

・ハンドミキサーは機種によって多少回転数が異なるので、攪拌時間にズレが出ることがあります。終点の状態を見ながら調整してください。

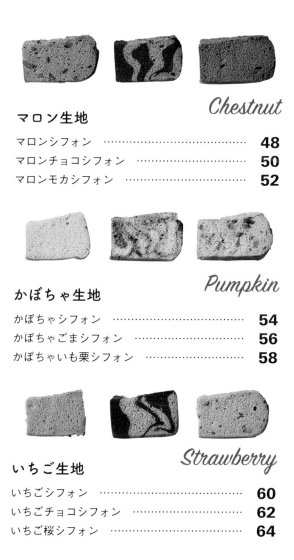

マロン生地 *Chestnut*

かぼちゃ生地 *Pumpkin*

いちご生地 *Strawberry*

バナナ生地 *Banana*

チーズ生地 *Cheese*

Column

米粉のシフォンの魅力

シフォンを米粉で作る場合、米粉ならではのいくつかの利点
があります。米粉の特性や魅力を知っておきましょう。

Good Thing 1
粉をふるわなくていい

米粉は油分が少なくさらさらとした形状。ダマになりにくく扱
いやすい粉です。お菓子作りの際には、袋から出してそのまま
使えます。

Good Thing 2
混ざりやすい

米粉は粒子が細かいので他の材料とよく混ざります。グルテン
を含まないため、混ぜすぎてかたくなる心配もないのでしっか
りと混ぜましょう。

Good Thing 3
のどごしがいいしっとり食感

米粉に含まれるでんぷんの一種アミロペクチンは、水分と熱を
加えると粘りが出る性質があります。この粘りがしっとりとし
た食感になります。

どんな米粉でもOK

米粉は大きく製菓用タイプ、製パン用タイプ、料理用タイプに分けられ、それぞれいろいろなメーカーから商品が出回っています。これらを使って同じ材料でシフォンの焼き比べをすると、食感や膨らみ方にはそれぞれ個性がありましたが、どれもシフォンケーキとしておいしくいただけました。ですからどの米粉を使っても大丈夫。本書では製菓用タイプの米粉を使用しました。

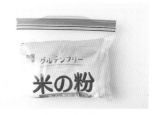

残った米粉の保存法

袋の口をしっかり閉じて密閉容器に入れ、暗くて涼しい場所(冷蔵庫など)に保管してください。そしてなるべく早めに使い切るようにしてください。

製菓用タイプ

よく膨らんで、
断面はきめ細かい。

食感はしっとり、
なめらか。

製パン用タイプ

よく膨らんで、
断面はきめ細かい。

食感はしっとり、なめらかで
ややもっちり感がある。

料理用タイプ

膨らみは製菓用、
製パン用に比べてやや劣る。

食感はしっとりで、
歯切れがいい。

10の生地で作る
米粉シフォン

本書では10の生地をベースとして30種類のシフォンをご紹介しています。10の生地から生まれる豊かなバリエーションをお楽しみください。

プレーン生地
食べ飽きない定番の味。素材の味をストレートに感じるのでお気に入りの卵など使って。

チョコ生地
チョコが入るとしゅわっとした食感になります。気泡が消えやすいので手早く混ぜて。

紅茶生地
多めの茶葉から抽出した紅茶液がしっかり香る生地。使う紅茶で変わる味を楽しんで。

抹茶生地
抹茶は商品の色がそのまま出るので、鮮やかな色のものを選ぶことが大切。

キャラメル生地
キャラメルは少々濃いめに作ると味にメリハリがつき、香ばしさもアップします。

かぼちゃ生地

かぼちゃならではの鮮やかな黄色が
食欲をそそります。かぼちゃのおい
しい季節に。

マロン生地

マロンペーストにラム酒やブランデ
ーなどの洋酒を合わせると、栗の味
が引き立ちます。

チーズ生地

ふわっ、しゅわっと、スフ
レチーズケーキを思わせる
食感が楽しめます。

いちご生地

愛らしいピンク色といちご
の甘い香りが魅力です。い
ちごパウダーを使うと手軽
に作れます。

バナナ生地

熟したバナナを使うと香りと甘みが
しっかり出ます。さっぱり食べたい
ときは熟す前のもので。

9

おいしい
米粉シフォンを
作るポイント

失敗なしでおいしいシフォンを作るための4
つのポイントをご紹介します。どれも大切な
ことなので、作る前に必ず目を通してから作
業を行なってください。

メレンゲの重さを
はかってみる

毎回、同じ膨らみや食感に仕上げるためには"メレンゲの泡立
て方"がとても大切です。心配な場合は泡立てたメレンゲの重
さをはかってみましょう。本書で使用した直径17cmのシフォ
ン型の場合、100mlの容器（プリンカップ）に入れて重さが21g
になっていれば大丈夫です。これは100mlの容積の中に卵白が
どれくらい空気を含んだかをはかる方法で、容積と重さで泡立
ての状態がわかります。ちなみに本書で使った卵白は卵1個分
35g×4個分で140g。上記の重さはこの場合の数値です。

Point 1
メレンゲは冷たい卵白を
しっかり泡立てる

シフォンといえば、しっかり膨らんだふわふわの生地が魅力。
その要になるのが卵白で作るメレンゲです。卵白は計量して13
分ほど冷凍庫に入れ、少し凍った状態のものを使うのがポイン
ト。こうすると空気を含んだメレンゲが離水しにくくなって、
泡立ちが壊れるのを防ぎます。

Point 2
卵黄生地は空気を含ませて
しっかり泡立てる

卵白と同じように卵黄にも空気を含ませてしっかり膨らませます（チーズ生地を除く）。冷やした卵白に最初から一度に砂糖を加えて作るメレンゲはツヤがあってきめ細かいのですが、ボリューム感はやや控えめ。そこで卵黄にも空気を含ませてボリューム感をアップします。

Point 3
庫内温度をはかる

温度が低いと膨らまなかったり、オーブンから取り出したあと生地が沈んでしまうことがあります。またオーブンの予熱タイマーが鳴っても、庫内温度が設定通りに上がっていなかったという声を教室でもよく聞きます。庫内温度計で実際の温度を確かめると安心です。庫内温度計（p.83）は予熱を開始するときに天板にのせておきます。

Point 4
完全に冷めてから型からはずす

焼き上がったシフォンが完全に冷めていないと、型からはずしたときに生地が潰れてしまうことがあります。心配な場合は、焼き上がったら粗熱を取って型全体をラップで包み、冷蔵庫に一晩入れてからはずしてください。焼いた当日より生地のしっとり感が増し、形もきれいに保てます。

Plain

プレーンシフォン

基本になるシフォンです。
シンプルですが、きび砂糖の素朴な甘みでやさしい味わい。
卵黄や卵白の混ぜ方や合わせ方、焼く前の作業、
型のはずし方などをここでしっかりマスターしておきましょう。
シフォンは翌日に食べるといっそう味がなじみます。

材料

	17cm	20cm
卵黄	4個分	7個分
卵白	4個分	7個分
きび砂糖ⓐ	10g	18g
きび砂糖ⓑ	60g	105g
米油	30g	53g
バニラオイル	3滴	6滴
水	60g	105g
米粉	80g	140g
塩	1つまみ	2つまみ

下準備①

・卵白は冷凍庫に13分ほど入れておく〈写真a〉。

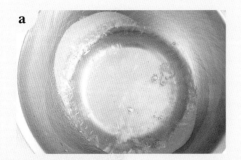

a

「プレーンシフォン」の作り方を
動画で公開しています。
本書とあわせてご覧ください。

Memo

すべてのシフォンのおいしく食べられる目安は、冷蔵庫で4日間、冷凍庫で14日間。

保存するときはラップで包んで保存容器に入れる。

手みやげにするときは8等分にカットして、25cm角のOPPシートで包んでテープでとめる。

Plain

a

下準備②
・型の芯に15×16cmにカットしたオーブンシートを巻きつけ、はみ出した部分を内側に折り込む〈写真a〉。
・オーブンは天板を入れて170℃に予熱する（作り方3で）。

作り方

1
ボウルに卵黄ときび砂糖ⓐを入れ、ハンドミキサーの高速で白っぽくなるまで泡立てる。
＊使った羽根は洗って水気をしっかり拭き取っておく。

2
米油とバニラオイルを加えてさらに混ぜ、なじんでツヤが出るまでホイッパーでしっかりと乳化させる。

3
分量の水、米粉を順に加えて、その都度なじんでツヤが出るまでホイッパーでしっかりと乳化させる。

4
別のボウルに卵白と塩を入れ、ハンドミキサーの低速でさっとほぐし、きび砂糖ⓑを加えて高速で3分、低速で1分（20cmの場合は2分）、ツノが立つまで泡立てる。

5
3に4の⅓量を加えて、ホイッパーでなじむまで混ぜる。

6
4の残りの半量を加え、ホイッパーをボウルに押しつけるようにしてなじむまで混ぜる。

7

「生地をすくい上げる→ふり落とす」をメレンゲが見えなくなるまで繰り返す。

→

8

4のボウルに7を加えてホイッパーで6〜7と同様にして混ぜ、なじんだらゴムべらで30回混ぜる。

→

9

生地を型の1か所から流し入れ、台に型をつけたまま芯をおさえて前後に軽くゆする。

10

ゴムべらで壁面に向かって押しつけるようにしてならす。170℃のオーブンで30分(20cmの場合は40分)焼く。

→

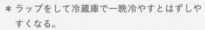

11

取り出して型をひっくり返し、最低3時間以上冷ます。

＊ラップをして冷蔵庫で一晩冷やすとはずしやすくなる。

→

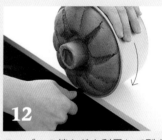

12

テーブルの端などを利用して型を横にしてのせ、外枠と生地の間にナイフを差し込んで固定し、型とナイフを回して外枠をはずす。

13

上向きに置き、底板と生地の間にナイフを差し込んで1周させる。

→

14

内側に押し込んだシートを引き出して片手で持ち、もう片方の手で底部分を引き出して型をはずす。

→

15

手にのせ、シートをやさしくはがしながら抜く。

Lemon Tea

レモンティーシフォン

プレーン生地にアールグレイの茶葉とレモンを入れて爽やかに。
食感をじゃましないように、ティーバッグの細かい茶葉を使うのがポイントです。

材料

	17cm	20cm
卵黄	4個分	7個分
卵白	4個分	7個分
グラニュー糖ⓐ	10g	18g
グラニュー糖ⓑ	60g	105g
米油	30g	53g
水	60g	105g
米粉	80g	140g
紅茶のティーバッグ（アールグレイ）	4g(2袋)	8g(4袋)
レモンの皮のすりおろし	½個分	1個分
塩	1つまみ	2つまみ

下準備

・卵白は冷凍庫に13分ほど入れておく。

・ティーバッグは茶葉を取り出す。

・型の芯に15×16cmにカットしたオーブンシートを巻きつける
（p.14参照）。

・オーブンは天板を入れて170℃に予熱する（作り方1で）。

a

作り方

1 ボウルに卵黄とグラニュー糖ⓐを入れ、ハンドミキサーの高速で白っぽくなるまで泡立てる。米油、分量の水、米粉の順に加え、その都度なじんでツヤが出るまでホイッパーでしっかりと乳化させる。茶葉とレモンの皮を加え〈写真a〉、均一になるまでしっかり混ぜる。

＊使った羽根は洗って水気をしっかり拭き取っておく。

2 別のボウルに卵白と塩を入れ、ハンドミキサーの低速でさっとほぐし、グラニュー糖ⓑを加えて高速で3分、低速で1分（20cmの場合は2分）、ツノが立つまで泡立てる。

3 1に2の⅓量を加えてホイッパーでなじむまで混ぜ、2の残りの半量を加えて、ホイッパーをボウルに押しつけるようにしてなじむまで混ぜる。

4 「生地をすくい上げる→ふり落とす」をメレンゲが見えなくなるまで繰り返す。2のボウルに加えて同様にして混ぜ、なじんだらゴムべらで30回混ぜる。

5 型の1か所から流し入れ、台に型をつけたまま芯をおさえて前後に軽くゆすり、ゴムべらで壁面に向かって押しつけるようにしてならす。170℃のオーブンで30分（20cmの場合は40分）焼く。

6 取り出して型をひっくり返して、最低3時間以上冷まし、型からはずす（p.15作り方11〜15参照）。

um Raisin

ラムレーズンシフォン

ほんのり口に広がるラム酒の香りが鼻に抜けます。細かく刻んだレーズンの食感がアクセント。
水気をしっかりきって加えましょう。

材料

	17cm	20cm
卵黄	4個分	7個分
卵白	4個分	7個分
きび砂糖ⓐ	10g	18g
きび砂糖ⓑ	60g	105g
米油	30g	53g
水	40g	70g
ラム酒	20g	35g
米粉	80g	140g
ドライレーズン	50g	88g
塩	1つまみ	2つまみ

下準備

- ドライレーズンは湯につけてふやかし、ペーパータオルで水気をしっかり取って〈写真a〉細かく刻む。
- 卵白は冷凍庫に13分ほど入れておく。
- 型の芯に15×16cmにカットしたオーブンシートを巻きつける（p.14参照）。
- オーブンは天板を入れて170℃に予熱する（作り方1で）。

作り方

1 ボウルに卵黄ときび砂糖ⓐを入れ、ハンドミキサーの高速で白っぽくなるまで泡立てる。米油、分量の水、ラム酒、米粉を順に加え、その都度なじんでツヤが出るまでホイッパーでしっかりと乳化させる。レーズンを加え〈写真b〉、均一になるまでしっかり混ぜる。

＊使った羽根は洗って水気をしっかり拭き取っておく。

2 別のボウルに卵白と塩を入れ、ハンドミキサーの低速でさっとほぐし、きび砂糖ⓑを加えて高速で3分、低速で1分（20cmの場合は2分）、ツノが立つまで泡立てる。

3 1に2の⅓量を加えてホイッパーでなじむまで混ぜ、2の残りの半量を加えて、ホイッパーをボウルに押しつけるようにしてなじむまで混ぜる。

4 「生地をすくい上げる→ふり落とす」をメレンゲが見えなくなるまで繰り返す。2のボウルに加えて同様にして混ぜ、なじんだらゴムべらで30回混ぜる。

5 型の1か所から流し入れ、台に型をつけたまま芯をおさえて前後に軽くゆすり、ゴムべらで壁面に向かって押しつけるようにしてならす。170℃のオーブンで30分（20cmの場合は40分）焼く。

6 取り出して型をひっくり返して、最低3時間以上冷まし、型からはずす（p.15作り方11～15参照）。

a

b

Chocolate

チョコシフォン

生地とチョコレートが一体化して、チョコレートのほろ苦さとコクがストレートに伝わってきます。
チョコレートとココアパウダーの油脂分で気泡が消えやすいので、手際よく混ぜましょう。

材料

	17cm	20cm
卵黄	4個分	7個分
卵白	4個分	7個分
きび砂糖ⓐ	10g	18g
きび砂糖ⓑ	60g	105g
米油	30g	53g
水	60g	105g
スイートチョコレート	40g	70g
A　米粉	50g	88g
ココアパウダー	15g	26g
塩	1つまみ	2つまみ

下準備

- **A**の米粉にココアパウダーを茶こしでふるい入れ、スプーンで均一に混ぜ合わせる。
- 卵白は冷凍庫に13分ほど入れておく。
- 型の芯に15×16cmにカットしたオーブンシートを巻きつける（p.14参照）。
- オーブンは天板を入れて170℃に予熱する（作り方**3**で）。

a

作り方

1 ボウルに卵黄ときび砂糖ⓐを入れ、ハンドミキサーの高速で白っぽくなるまで泡立て、米油を加えてなじんでツヤが出るまでホイッパーでしっかり乳化させる。

＊ 使った羽根は洗って水気をしっかり拭き取っておく。

2 鍋に分量の水を入れて火にかけ、沸騰したら火を止めてチョコレートを加え、完全にとかす〈写真**a**〉。

3 **1**に**2**を加え、なじんでツヤが出るまでしっかり乳化させる。さらに**A**を加え、同様に乳化させる。

4 別のボウルに卵白と塩を入れ、ハンドミキサーの低速でさっとほぐし、きび砂糖ⓑを加えて高速で3分、低速で1分（20cmの場合は2分）、ツノが立つまで泡立てる。

5 **3**に**4**の⅓量を加えてホイッパーでなじむまで混ぜ、**4**の残りの半量を加え、ホイッパーをボウルに押しつけるようにしてなじむまで混ぜる。

6 「生地をすくい上げる→ふり落とす」をメレンゲが見えなくなるまで繰り返す。**4**のボウルに加えて同様にして混ぜ、なじんだらゴムべらで均一になるまで混ぜる。

＊ 気泡がどんどん消えるので手早く作業する。

7 型の1か所から流し入れ、台に型をつけたまま芯をおさえて前後に軽くゆする。170℃のオーブンで30分（20cmの場合は40分）焼く。

8 取り出して型をひっくり返して、最低3時間以上冷まし、型からはずす（p.15作り方**11**〜**15**参照）。

Chocolate Raspberry

チョコラズベリーシフォン

甘酸っぱいラズベリーとチョコレートが練り込まれた生地。軽くてさっぱりとして、いくらでも食べられそう。
クランベリーが見た目と味のアクセントになっています。

材料

	17cm	20cm
卵黄	4個分	7個分
卵白	4個分	7個分
グラニュー糖ⓐ	10g	18g
グラニュー糖ⓑ	60g	105g
米油	30g	53g
ラズベリーピューレ〈写真a〉	40g	70g
スイートチョコレート（フレーク）	40g	70g
ブランデー	20g	35g
米粉	60g	105g
ドライクランベリー	40g	70g
塩	1つまみ	2つまみ
チョコレートクリーム（好みで／p.26参照）		適量

下準備

・ドライクランベリーは湯につけてふやかし、ペーパータオルで水気をしっかり取って細かく刻む。

・卵白は冷凍庫に13分ほど入れておく。

・型の芯に15×16cmにカットしたオーブンシートを巻きつける（p.14参照）。

・オーブンは天板を入れて170℃に予熱する（作り方2で）。

a

b

作り方

1 ボウルに卵黄とグラニュー糖ⓐを入れ、ハンドミキサーの高速で白っぽくなるまで泡立て、米油を加えてなじんでツヤが出るまでホイッパーでしっかり乳化させる。

＊使った羽根は洗って水気をしっかり拭き取っておく。

2 鍋にラズベリーピューレとチョコレートを入れて〈写真b〉火にかけ、ゴムべらで混ぜる。鍋の縁がふつふつしてきたら火を止め、チョコレートがとけるまで混ぜる。

3 1に2とブランデーを加えてなじんでツヤが出るまでしっかり乳化させ、米粉を加えて同様に乳化させる。クランベリーを加えてよく混ぜる。

4 別のボウルに卵白と塩を入れ、ハンドミキサーの低速でさっとほぐし、グラニュー糖ⓑを加えて高速で3分、低速で1分（20cmの場合は2分）、ツノが立つまで泡立てる。

5 3に4の1/3量を加えてホイッパーでなじむまで混ぜ、4の残りの半量を加え、ホイッパーをボウルに押しつけるようにしてなじむまで混ぜる。

6 「生地をすくい上げる→ふり落とす」をメレンゲが見えなくなるまで繰り返す。4のボウルに加えて同様にして混ぜ、なじんだらゴムべらで均一になるまで混ぜる。

＊気泡がどんどん消えるので手早く作業する。

7 型の1か所から流し入れ、台に型をつけたまま芯をおさえて前後に軽くゆする。170℃のオーブンで30分（20cmの場合は40分）焼く。

8 取り出して型をひっくり返して、最低3時間以上冷まし、型からはずす（p.15作り方11〜15参照）。

9 カットして器に盛り、好みでチョコレートクリームを添える。

Chocolate Orange

チョコオレンジシフォン

ちょっぴりほろ苦いチョコとオレンジの相性が抜群。食べるとすぐに口の中でとろけます。
2タイプのオレンジを使っておいしさ倍増です。

材料

	17 cm	20 cm
卵黄 ………………………………	4個分	7個分
卵白 ………………………………	4個分	7個分
きび砂糖ⓐ ………………………	10g	18g
きび砂糖ⓑ ………………………	60g	105g
米油 ………………………………	30g	53g
水 …………………………………	40g	70g
スイートチョコレート …………	40g	70g
グランマルニエ …………………	20g	35g
A　米粉 …………………………	50g	88g
ココアパウダー ……………	15g	26g
オレンジピール(刻みタイプ) …	30g	53g
塩 …………………………………	1つまみ	2つまみ
オレンジスライス缶 ……………	2枚	4枚

下準備

・ **A**の米粉にココアパウダーを茶こしでふるい入れ、スプーンで均一に混ぜ合わせる。

・ オレンジスライスはペーパータオルで水気をしっかり取って4等分に切り、型の底に並べ入れる〈写真**a**〉。

・ 卵白は冷凍庫に13分ほど入れておく。

・ 型の芯に15×16cmにカットしたオーブンシートを巻きつける(p.14参照)。

・ オーブンは天板を入れて170℃に予熱する(作り方**3**で)。

作り方

1 ボウルに卵黄ときび砂糖ⓐを入れ、ハンドミキサーの高速で白っぽくなるまで泡立て、米油を加えてなじんでツヤが出るまでホイッパーでしっかり乳化させる。

＊使った羽根は洗って水気をしっかり拭き取っておく。

2 鍋に分量の水を入れて火にかけ、沸騰したら火を止めてチョコレートを加え、完全にとかす。

3 **1**に**2**とグランマルニエを加え、なじんでツヤが出るまでしっかり乳化させ、**A**を加えて同様に乳化させる。オレンジピールを加えて〈写真**b**〉しっかり混ぜる。

4 別のボウルに卵白と塩を入れ、ハンドミキサーの低速でさっとほぐし、きび砂糖ⓑを加えて高速で3分、低速で1分(20cmの場合は2分)、ツノが立つまで泡立てる。

5 **3**に**4**の1/3量を加えてホイッパーでなじむまで混ぜ、**4**の残りの半量を加え、ホイッパーをボウルに押しつけるようにしてなじむまで混ぜる。

6 「生地をすくい上げる→ふり落とす」をメレンゲが見えなくなるまで繰り返す。**4**のボウルに加えて同様にして混ぜ、なじんだらゴムべらで均一になるまで混ぜる。

＊気泡がどんどん消えるので手早く作業する。

7 型の1か所から流し入れ、台に型をつけたまま芯をおさえて前後に軽くゆする。170℃のオーブンで30分(20cmの場合は40分)焼く。

8 取り出して型をひっくり返して、最低3時間以上冷まし、型からはずす(p.15作り方**11**〜**15**参照)。

a

b

Column

シフォンに添えたいクリームいろいろ

シフォンにクリームを添えればリッチな味わいに。
いろいろなクリームで味変を楽しみましょう。

プレーンクリーム

材料と作り方　作りやすい分量
ボウルに生クリーム（乳脂肪分40％）120gとグラニュー糖10gを入れ、氷水に当ててホイッパーでツノが立つまで泡立てる。

〔 相性のいい生地 〕
すべて

チョコレートクリーム

材料と作り方　作りやすい分量
ボウルに生クリーム（乳脂肪分35％）80gを入れて、氷水に当ててホイッパーでツノが立つまで泡立てる。別のボウルにスイートチョコレート20gを入れて湯せんにかけてとかし、湯せんからはずして生クリーム（乳脂肪分35％）20gを加えてホイッパーで混ぜる。泡立てた生クリームの一部を加えてさらに混ぜ、残りのクリームを加えてゴムべらでさっくり混ぜ合わせる。

〔 相性のいい生地 〕
すべて

ヨーグルトクリーム

材料と作り方　作りやすい分量
ボウルに生クリーム（乳脂肪分40％）90gとグラニュー糖12gを入れ、氷水に当ててホイッパーでツノが立つまで泡立てる。ギリシャヨーグルト30gを加えてさっと混ぜる。

〔 相性のいい生地 〕
プレーン（p.12〜19）
いちご（p.60〜65）
バナナ（p.68〜73）
チーズ（p.74〜79）

抹茶クリーム

材料と作り方　作りやすい分量
ボウルに生クリーム（乳脂肪分40％）100gを入れて、氷水に当ててホイッパーでツノが立つまで泡立てる。容器に抹茶5gを茶こしでふるい入れ、グラニュー糖20gを加えて混ぜ、湯10gを加えてペースト状になるまで混ぜる。生クリームに抹茶ペーストを加えてホイッパーで混ぜる。

〔 相性のいい生地 〕
プレーン（p.12〜19）
チョコ（p.20〜25）
抹茶（p.34〜39）
かぼちゃ（p.54〜59）
チーズ（p.74〜79）

いちごクリーム

材料と作り方　作りやすい分量

ボウルに生クリーム(乳脂肪分40
%)100gとグラニュー糖7gを入
れ、氷水に当ててホイッパーでツノ
が立つまで泡立てる。いちごパウダ
ー8gを加えてさっと混ぜる。

〔 相性のいい生地 〕
プレーン(p.12〜19)
チョコ(p.20〜25)
いちご(p.60〜65)
バナナ(p.68〜73)
チーズ(p.74〜79)

ほうじ茶クリーム

材料と作り方　作りやすい分量

ボウルに生クリーム(乳脂肪分40%)100gを入れて、氷水に
当ててホイッパーでツノが立つまで泡立てる。容器にほうじ茶
パウダー5gとグラニュー糖15g、湯10gを入れてペースト状
になるまで混ぜる。生クリームにほうじ茶ペーストを加えてホ
イッパーで混ぜる。

〔 相性のいい生地 〕
プレーン(p.12〜19)
チョコ(p.20〜25)
抹茶(p.34〜39)
かぼちゃ(p.54〜59)
チーズ(p.74〜79)

豆乳きな粉クリーム

材料と作り方　作りやすい分量

ボウルに豆乳ホイップ100gときび砂糖10gを入れ、氷水に当てて
ホイッパーでツノが立つまで泡立てる。きな粉8gを加えてさっと混
ぜる。

〔 相性のいい生地 〕
プレーン(p.12〜19)
抹茶(p.34〜39)
かぼちゃ(p.54〜59)

コーヒークリーム

材料と作り方　作りやすい分量

ボウルに生クリーム(乳脂肪分40%)100gを入れて、氷水に
当ててホイッパーでツノが立つまで泡立てる。容器にインスタン
トコーヒー2gときび砂糖15g、湯6gを入れてペースト状に
なるまで混ぜる。生クリームにコーヒーペーストを加えてホイ
ッパーで混ぜる。

〔 相性のいい生地 〕
プレーン(p.12〜19)
チョコ(p.20〜25)
キャラメル(p.40〜45)
かぼちゃ(p.54〜59)
バナナ(p.68〜73)
チーズ(p.74〜79)

Black Tea

紅茶シフォン

まるで紅茶を飲んでいるかのような風味豊かなシフォン。
紅茶は茶葉が細かいティーバッグで抽出液を取り出します。紅茶の種類は好みのものでもOK。

材料

	17cm	20cm
紅茶のティーバッグ（アールグレイ） ……	10g（5袋）	18g（9袋）
水 ……………………………………	100g	175g
卵黄 …………………………………	4個分	7個分
卵白 …………………………………	4個分	7個分
グラニュー糖ⓐ ………………………	10g	18g
グラニュー糖ⓑ ………………………	60g	105g
米油 …………………………………	30g	53g
米粉 …………………………………	80g	140g
塩 ……………………………………	1つまみ	2つまみ

下準備

・卵白は冷凍庫に13分ほど入れておく。

・型の芯に15×16cmにカットしたオーブンシートを巻きつける（p.14参照）。

・オーブンは天板を入れて170℃に予熱する（作り方2で）。

a

作り方

1 鍋に分量の水を入れて火にかけ、沸騰したら火を止めてティーバッグを入れ、蓋をして5分おく。容器に抽出液を入れ、最後はゴムべらで押して60g計量する〈写真a〉。

2 ボウルに卵黄とグラニュー糖ⓐを入れ、ハンドミキサーの高速で白っぽくなるまで泡立て、米油を加えてなじんでツヤが出るまでホイッパーでしっかり乳化させる。さらに**1**、米粉を順に加えて、その都度同様に乳化させる。

＊使った羽根は洗って水気をしっかり拭き取っておく。

3 別のボウルに卵白と塩を入れ、ハンドミキサーの低速でさっとほぐし、グラニュー糖ⓑを加えて高速で3分、低速で1分（20cmの場合は2分）、ツノが立つまで泡立てる。

4 **2**に**3**の⅓量を加えてホイッパーでなじむまで混ぜ、**3**の残りの半量を加え、ホイッパーをボウルに押しつけるようにしてなじむまで混ぜる。

5 「生地をすくい上げる→ふり落とす」をメレンゲが見えなくなるまで繰り返す。**3**のボウルに加えて同様にして混ぜ、なじんだらゴムべらで30回混ぜる。

6 型の1か所から流し入れ、台に型をつけたまま芯をおさえて前後に軽くゆすり、ゴムべらで壁面に向かって押しつけるようにしてならす。170℃のオーブンで30分（20cmの場合は40分）焼く。

7 取り出して型をひっくり返して、最低3時間以上冷まし、型からはずす（p.15作り方**11**〜**15**参照）。

Chai

チャイシフォン

エキゾチックなチャイの香りといちじくのプチッとした食感がベストマッチ。
やさしいスパイス使いで味に深みと風味をプラスします。クリームを添えて召し上がれ！

材料

	17cm	20cm
紅茶のティーバッグ（アッサム）……	10g(5袋)	18g(9袋)
水 ……	40g	70g
牛乳 ……	60g	105g
卵黄 ……	4個分	7個分
卵白 ……	4個分	7個分
きび砂糖ⓐ ……	10g	18g
きび砂糖ⓑ ……	60g	105g
米油 ……	30g	53g
A　米粉 ……	80g	140g
シナモンパウダー ……	4つまみ	7つまみ
カルダモンパウダー ……	2つまみ	3つまみ
クローブパウダー ……	2つまみ	3つまみ
ドライいちじく ……	60g	105g
塩 ……	1つまみ	2つまみ
プレーンクリーム（好みで／p.26参照）……		適量
シナモンパウダー（好みで）……		適量

下準備

- ボウルに**A**を入れてホイッパーで混ぜ合わせる〈写真**a**〉。
- 卵白は冷凍庫に13分ほど入れておく。
- ドライいちじくは湯につけてふやかし、ペーパータオルで水気をしっかり取って細かく刻む。
- 型の芯に15×16cmにカットしたオーブンシートを巻きつける（p.14参照）。
- オーブンは天板を入れて170℃に予熱する（作り方**2**で）。

a

b

作り方

1 鍋に分量の水を入れて火にかけ、沸騰したら火を止めてティーバッグを入れ、蓋をして1分おく。牛乳を加えて再び火にかけ、鍋縁がふつふつしてきたら火を止め〈写真**b**〉、蓋をして3分蒸らす。容器に抽出液を入れ、最後はゴムべらで押して60g計量する。

2 ボウルに卵黄ときび砂糖ⓐを入れ、ハンドミキサーの高速で白っぽくなるまで泡立てる。米油、**1**、**A**を順に加えて、その都度なじんでツヤがでるまでホイッパーでしっかり乳化させ、いちじくを加えて混ぜる。
＊使った羽根は洗って水気をしっかり拭き取っておく。

3 別のボウルに卵白と塩を入れ、ハンドミキサーの低速でさっとほぐし、きび砂糖ⓑを加えて高速で3分、低速で1分（20cmの場合は2分）、ツノが立つまで泡立てる。

4 **2**に**3**の⅓量を加えてホイッパーでなじむまで混ぜ、**3**の残りの半量を加えて、ホイッパーをボウルに押しつけるようにしてなじむまで混ぜる。

5 「生地をすくい上げる→ふり落とす」をメレンゲが見えなくなるまで繰り返す。**3**のボウルに加えて同様にして混ぜ、なじんだらゴムべらで30回混ぜる。

6 型の1か所から流し入れ、台に型をつけたまま芯をおさえて前後に軽くゆすり、ゴムべらで壁面に向かって押しつけるようにしてならす。170℃のオーブンで30分（20cmの場合は40分）焼く。

7 取り出して型をひっくり返して、最低3時間以上冷まし、型からはずす（p.15作り方**11**〜**15**参照）。

8 カットして器に盛り、好みでプレーンクリームを添えてシナモンパウダーをふる。

Peach Tea

ピーチティーシフォン

ピーチティーのやさしい香りとドライあんずの甘みが絶妙の組み合わせ。
さらに生地の甘みとも調和がとれてさっぱりとした甘さがうれしいシフォンです。

材料

	17cm	20cm
紅茶のティーバッグ（ピーチ）ⓐ ………	10g（5袋）	18g（9袋）
紅茶のティーバッグ（ピーチ）ⓑ ………	2g（1袋）	4g（2袋）
水 …………………………………	100g	175g
卵黄 ………………………………	4個分	7個分
卵白 ………………………………	4個分	7個分
グラニュー糖ⓐ …………………	10g	18g
グラニュー糖ⓑ …………………	60g	105g
米油 ………………………………	30g	53g
米粉 ………………………………	80g	140g
ドライあんず …………………	60g	105g
塩 …………………………………	1つまみ	2つまみ

下準備

・ ティーバッグⓑは茶葉を取り出す。

・ 卵白は冷凍庫に13分ほど入れておく。

・ ドライあんずは湯につけてふやかし、ペーパータオルで水気を
しっかり取って、8mm角に刻む。

・ 型の芯に15×16cmにカットしたオーブンシートを巻きつける
（p.14参照）。

・ オーブンは天板を入れて170℃に予熱する（作り方2で）。

作り方

1 鍋に分量の水を入れて火にかけ、沸騰したら火を
止めてティーバッグⓐを入れ、蓋をして5分おく。
容器に抽出液を入れ、最後はゴムべらで押して
60g計量する。

2 ボウルに卵黄とグラニュー糖ⓐを入れ、ハンドミ
キサーの高速で白っぽくなるまで泡立て、米油、1、
米粉を順に加えて、その都度なじんでツヤが出る
までホイッパーでしっかり乳化させる。ティーバ
ッグⓑの茶葉とあんずを加え〈写真a〉、均一になる
まで混ぜる。

＊ 使った羽根は洗って水気をしっかり拭き取っておく。

3 別のボウルに卵白と塩を入れ、ハンドミキサーの
低速でさっとほぐし、グラニュー糖ⓑを加えてハン
ドミキサーの高速で3分、低速で1分（20cmの
場合は2分）、ツノが立つまで泡立てる。

4 2に3の1/3量を加えて、ホイッパーでなじむまでぐ
るぐる混ぜる。3の残りの半量を加え、ホイッパー
をボウルに押しつけるようにしてなじむまで混ぜ
る。

5 「生地をすくい上げる→ふり落とす」をメレンゲが
見えなくなるまで繰り返す。3のボウルに加えて同
様にして混ぜ、なじんだらゴムべらで30回混ぜる。

6 型の1か所から流し入れ、台に型をつけたまま芯
をおさえて前後に軽くゆすり、ゴムべらで壁面に
向かって押しつけるようにしてならす。170℃の
オーブンで30分（20cmの場合は40分）焼く。

7 取り出して型をひっくり返して、最低3時間以上
冷まし、型からはずす（p.15作り方11〜15参照）。

a

Matcha

抹茶シフォン

抹茶の風味がストレートに感じられます。
抹茶の量で濃淡をつけて2層に。
見た目も楽しいシフォンです。

材料

	17 cm	20 cm
〈抹茶ペースト〉		
┌ 抹茶	8g	14g
│ グラニュー糖	12g	21g
└ 湯	20g	35g
卵黄	4個分	7個分
卵白	4個分	7個分
グラニュー糖ⓐ	20g	35g
グラニュー糖ⓑ	60g	105g
米油	30g	53g
水	60g	105g
A ┌ 米粉	60g	105g
└ 抹茶	8g	14g
塩	1つまみ	2つまみ

下準備

・ ボウルに**A**の米粉を入れ、抹茶を茶こしでふるい入れてスプーンで均一に混ぜ合わせる。

・ 卵白は冷凍庫に13分ほど入れておく。

・ 型の芯に15×16cmにカットしたオーブンシートを巻きつける（p.14参照）。

・ オーブンは天板を入れて170℃に予熱する（作り方**2**で）。

作り方

1 〈抹茶ペースト〉ボウルにグラニュー糖を入れ、抹茶を茶こしでふるい入れてスプーンなどで混ぜ、分量の湯を加えてゴムべらで混ぜる。

2 ボウルに卵黄とグラニュー糖ⓐを入れ、ハンドミキサーの高速で白っぽくなるまで泡立て、米油、分量の水、**A**を順に加えて、その都度なじんでツヤが出るまでホイッパーでしっかり乳化させる。
＊ 使った羽根は洗って水気をしっかり拭き取っておく。

3 別のボウルに卵白と塩を入れ、ハンドミキサーの低速でさっとほぐし、グラニュー糖ⓑを加えて高速で3分、低速で1分（20cmの場合は2分）、ツノが立つまで泡立てる。

4 **2**に**3**の1/3量を加えてホイッパーでなじむまで混ぜ、**3**の残りの半量を加えて、ホイッパーをボウルに押しつけるようにしてなじむまで混ぜる。

5 「生地をすくい上げる→ふり落とす」をメレンゲが見えなくなるまで繰り返す。**3**のボウルに加えて同様にして混ぜ、なじんだらゴムべらで20回混ぜる。

6 **5**の生地から40g（20cmの場合は70g）を別のボウルに入れ、**1**の抹茶ペーストを加えて均一になるまでホイッパーで混ぜ、さらに**5**の130g（20cmの場合は230g）を加えて均一になるまでゴムべらで混ぜる。

7 型に**6**を1周流し入れ、型を台につけたまま芯を押さえて前後に揺らして平らにする。さらに**5**の残りの生地を1周して流し入れ〈写真**a**〉、同様にして平らにする。ゴムべらで壁面に向かって押しつけるようにしてならす〈写真**b**〉。170℃のオーブンで30分（20cmの場合は40分）焼く。

8 取り出して型をひっくり返して、最低3時間以上冷まし、型からはずす（p.15作り方**11**〜**15**参照）。

matcha Azuki

抹茶あずきシフォン

抹茶とあずきは相性抜群。ここではあずきの蜜漬けを使いましたが甘納豆でも大丈夫です。
クリームを合わせるとぜいたくなシフォンの味わいに。ぜひ、お試しを！

材料

	17 cm	20 cm
卵黄	4個分	7個分
卵白	4個分	7個分
グラニュー糖ⓐ	10g	18g
グラニュー糖ⓑ	60g	105g
米油	30g	53g
水	60g	105g
A 米粉	60g	105g
抹茶	8g	14g
塩	1つまみ	2つまみ
甘納豆	80g	140g

＊ここで使った冷凍のかのこ豆大納言の蜜漬け〈写真a〉。

抹茶クリーム（好みで／p.26参照）	適量
豆乳きな粉クリーム（好みで／p.27参照）	適量

下準備

・ボウルにＡの米粉を入れ、抹茶を茶こしでふるい入れてスプーンで均一に混ぜ合わせる。

・甘納豆は半分くらいにカットする。

・卵白は冷凍庫に13分ほど入れておく。

・型の芯に15×16cmにカットしたオーブンシートを巻きつける（p.14参照）。

・オーブンは天板を入れて170℃に予熱する（作り方1で）。

作り方

1 ボウルに卵黄とグラニュー糖ⓐを入れ、ハンドミキサーの高速で白っぽくなるまで泡立て、米油を加えてなじんでツヤが出るまでホイッパーでしっかり乳化させる。さらに分量の水、Ａを順に加えて、その都度同様に乳化させる。

＊使った羽根は洗って水気をしっかり拭き取っておく。

2 別のボウルに卵白と塩を入れ、ハンドミキサーの低速でさっとほぐし、グラニュー糖ⓑを加えて高速で3分、低速で1分（20cmの場合は2分）、ツノが立つまで泡立てる。

3 1に2の1/3量を加えてホイッパーでなじむまで混ぜ、2の残りの半量を加え、ホイッパーをボウルに押しつけるようにしてなじむまで混ぜる。

4 「生地をすくい上げる→ふり落とす」をメレンゲが見えなくなるまで繰り返す。2のボウルに加えて同様にして混ぜ、なじんだらゴムべらで30回混ぜる。甘納豆を加えてさっと混ぜる〈写真b〉。

5 型の1か所から流し入れ、台に型をつけたまま芯をおさえて前後に軽くゆすり、ゴムべらで壁面に向かって押しつけるようにしてならす。170℃のオーブンで30分（20cmの場合は40分）焼く。

6 取り出して型をひっくり返して、最低3時間以上冷まし、型からはずす（p.15作り方11〜15参照）。

7 好みでカットして切り目を入れ、抹茶クリームや豆乳きな粉クリームをサンドする。

a

b

Matcha Hojicha

抹茶ほうじ茶シフォン

口に入れるとほのかにほうじ茶の香りが広がります。
抹茶生地とほうじ茶生地を重ねてできる模様が楽しい。2種のお茶の組み合わせも絶品です。

材料

	17 cm	20 cm
〈ほうじ茶ペースト〉		
┌ ほうじ茶パウダー ………	6g	11g
│ グラニュー糖 ………	6g	11g
└ 湯 ………	12g	21g
卵黄 ………	4個分	7個分
卵白 ………	4個分	7個分
グラニュー糖ⓐ ………	20g	35g
グラニュー糖ⓑ ………	60g	105g
米油 ………	30g	53g
水 ………	60g	105g
A ┌ 米粉 ………	60g	105g
└ 抹茶 ………	8g	14g
塩 ………	1つまみ	2つまみ

下準備

・ボウルにAの米粉を入れ、抹茶を茶こしでふるい入れてスプーンで均一に混ぜ合わせる。

・卵白は冷凍庫に13分ほど入れておく。

・型の芯に15×16cmにカットしたオーブンシートを巻きつける（p.14参照）。

・オーブンは天板を入れて170℃に予熱する（作り方2で）。

a

作り方

1 〈ほうじ茶ペースト〉ボウルにほうじ茶パウダーとグラニュー糖を入れてスプーンで混ぜ、分量の湯を加えてゴムべらで混ぜる。

2 ボウルに卵黄とグラニュー糖ⓐを入れ、ハンドミキサーの高速で白っぽくなるまで泡立て、米油、分量の水、Aを順に加えて、その都度なじんでツヤが出るまでホイッパーでしっかり乳化させる。
＊使った羽根は洗って水気をしっかり拭き取っておく。

3 別のボウルに卵白と塩を入れ、ハンドミキサーの低速でさっとほぐし、グラニュー糖ⓑを加えて高速で3分、低速で1分（20cmの場合は2分）、ツノが立つまで泡立てる。

4 2に3の⅓量を加えてホイッパーでなじむまで混ぜ、3の残りの半量を加えて、ホイッパーをボウルに押しつけるようにしてなじむまで混ぜる。

5 「生地をすくい上げる→ふり落とす」をメレンゲが見えなくなるまで繰り返す。3のボウルに加えて同様にして混ぜ、なじんだらゴムべらで30回混ぜる。

6 5の生地から30g（20cmの場合は60g）を別のボウルに入れ、1のほうじ茶ペーストを加えて均一になるまでホイッパーで混ぜ、さらに5の70g（20cmの場合は120g）を加えて均一になるまでゴムべらで混ぜる。

7 5に6を加え、ボウルの底から返して1回混ぜる〈写真a〉。型の1か所から流し入れ、台に型をつけたまま芯をおさえて前後に軽くゆすり、ゴムべらで壁面に向かって押しつけるようにしてならす。170℃のオーブンで30分（20cmの場合は40分）焼く。

8 取り出して型をひっくり返して、最低3時間以上冷まし、型からはずす（p.15作り方11〜15参照）。

Caramel

キャラメルシフォン

香ばしくてほろ苦いキャラメルの味と風味があとを引きます。
ふんわりしっとりで軽い生地なので、あっという間に口の中で消えるよう。ティータイムにぴったりです。

材料

	17cm	20cm
生クリーム（乳脂肪分35%）	90g	158g
グラニュー糖ⓐ	40g	70g
グラニュー糖ⓑ	10g	18g
グラニュー糖ⓒ	60g	105g
卵黄	4個分	7個分
卵白	4個分	7個分
米油	30g	53g
米粉	70g	123g
塩	1つまみ	2つまみ

下準備

・卵白は冷凍庫に13分ほど入れておく。

・型の芯に15×16cmにカットしたオーブンシートを巻きつける（p.14参照）。

・オーブンは天板を入れて170℃に予熱する（作り方2で）。

a

作り方

1 耐熱容器に生クリームを入れ、500Wの電子レンジで50秒加熱する。鍋にグラニュー糖ⓐを入れて火にかけ、キャラメル色になったら火を止めて生クリームを2回に分けて加え〈写真a〉、その都度ゴムべらでよく混ぜる。そのままおいておく。

2 ボウルに卵黄とグラニュー糖ⓑを入れ、ハンドミキサーの高速で白っぽくなるまで泡立て、米油、**1**、米粉を順に加えて、その都度なじんでツヤが出るまでホイッパーでしっかり乳化させる。
＊使った羽根は洗って水気をしっかり拭き取っておく。

3 別のボウルに卵白と塩を入れ、ハンドミキサーの低速でさっとほぐし、グラニュー糖ⓒを加えて高速で3分、低速で1分（20cmの場合は2分）、ツノが立つまで泡立てる。

4 **2**に**3**の⅓量を加えてホイッパーでなじむまで混ぜ、**3**の残りの半量を加えて、ホイッパーをボウルに押しつけるようにしてなじむまで混ぜる。

5 「生地をすくい上げる→ふり落とす」をメレンゲが見えなくなるまで繰り返す。**3**のボウルに加えて同様にして混ぜ、なじんだらゴムべらで30回混ぜる。

6 型の1か所から流し入れ、台に型をつけたまま芯をおさえて前後に軽くゆすり、ゴムべらで壁面に向かって押しつけるようにしてならす。170℃のオーブンで30分（20cmの場合は40分）焼く。

7 取り出して型をひっくり返して、最低3時間以上冷まし、型からはずす（p.15作り方**11**〜**15**参照）。

Caramel Apple Tea

キャラメルアップルティーシフォン

アップルティーの風味のあとから押し寄せる甘酸っぱいりんごソテーの風味。
ダブルの風味が広がる楽しいシフォンです。りんごソテーは水気をしっかり取って加えてください。

材料

	17cm	20cm
〈りんごソテー〉		
りんご ………………………	100g(正味)	175g(正味)
グラニュー糖 ………………	30g	53g
生クリーム(乳脂肪分35%) ………	90g	158g
グラニュー糖ⓐ ………………	40g	70g
グラニュー糖ⓑ ………………	10g	18g
グラニュー糖ⓒ ………………	60g	105g
卵黄 ………………………………	4個分	7個分
卵白 ………………………………	4個分	7個分
米油 ………………………………	30g	53g
米粉 ………………………………	70g	123g
紅茶のティーバッグ(アップル) ……	4g(2袋)	8g(4袋)
塩 …………………………………	1つまみ	2つまみ

下準備

・りんごは皮をむいて8mm角に切る。

・ティーバッグは茶葉を取り出す。

・卵白は冷凍庫に13分ほど入れておく。

・型の芯に15×16cmにカットしたオーブンシートを巻きつける (p.14参照)。

・オーブンは天板を入れて170℃に予熱する(作り方**3**で)。

a

b

作り方

1 〈りんごソテー〉鍋にグラニュー糖を入れて火にかけ、キャラメル色になったらりんごを加え、しんなりするまでゴムべらで混ぜる。火を止めてバットに移して冷まし、ペーパータオルで水気をしっかり取る〈写真a〉。

2 耐熱容器に生クリームを入れ、500Wの電子レンジで50秒加熱する。鍋にグラニュー糖ⓐを入れて火にかけ、キャラメル色になったら火を止めて、生クリームを2回に分けて加え、その都度ゴムべらでよく混ぜる。そのままおいておく。

3 ボウルに卵黄とグラニュー糖ⓑを入れ、ハンドミキサーの高速で白っぽくなるまで泡立て、米油、**2**、米粉を順に加えて、その都度なじんでツヤが出るまでホイッパーでしっかり乳化させる。ティーバッグの茶葉と**1**を加えて〈写真b〉、しっかり混ぜ合わせる。

＊使った羽根は洗って水気をしっかり拭き取っておく。

4 別のボウルに卵白と塩を入れ、ハンドミキサーの低速でさっとほぐし、グラニュー糖ⓒを加えて高速で3分、低速で1分(20cmの場合は2分)、ツノが立つまで泡立てる。

5 **3**に**4**の1/3量を加えてホイッパーでなじむまで混ぜ、**4**の残りの半量を加えて、ホイッパーをボウルに押しつけるようにしてなじむまで混ぜる。

6 「生地をすくい上げる→ふり落とす」をメレンゲが見えなくなるまで繰り返す。**4**のボウルに加えて同様にして混ぜ、なじんだらゴムべらで30回混ぜる。

7 型の1か所から流し入れ、台に型をつけたまま芯をおさえて前後に軽くゆすり、ゴムべらで壁面に向かって押しつけるようにしてならす。170℃のオーブンで30分(20cmの場合は40分)焼く。

8 取り出して型をひっくり返して、最低3時間以上冷まし、型からはずす(p.15作り方**11**〜**15**参照)。

Caramel Chocolate

キャラメルチョコシフォン

キャラメル生地とチョコ生地をマーブル模様に仕上げました。混ぜるときはさっとひと混ぜするだけでOK。
キャラメルとチョコのほろ苦さがダブルで口に広がります。

材料

	17 cm	20 cm
生クリーム（乳脂肪分35%） …………	90g	158g
グラニュー糖ⓐ …………	40g	70g
グラニュー糖ⓑ …………	10g	18g
グラニュー糖ⓒ …………	60g	105g
卵黄 …………	4個分	7個分
卵白 …………	4個分	7個分
米油 …………	30g	53g
米粉 …………	70g	123g
塩 …………	1つまみ	2つまみ
スイートチョコレート …………	30g	53g

下準備

・ ボウルにチョコレートを入れて、湯せんにかけてとかす。

・ 卵白は冷凍庫に13分ほど入れておく。

・ 型の芯に15×16cmにカットしたオーブンシートを巻きつける（p.14参照）。

・ オーブンは天板を入れて170℃に予熱する（作り方**2**で）。

作り方

1 耐熱容器に生クリームを入れ、500Wの電子レンジで50秒加熱する。鍋にグラニュー糖ⓐを入れて火にかけ、キャラメル色になったら火を止めて生クリームを2回に分けて加え、その都度ゴムべらでよく混ぜる。そのままおいておく。

2 ボウルに卵黄とグラニュー糖ⓑを入れ、ハンドミキサーの高速で白っぽくなるまで泡立て、米油、**1**、米粉を順に加えて、その都度なじんでツヤが出るまでホイッパーでしっかり乳化させる。

＊ 使った羽根は洗って水気をしっかり拭き取っておく。

3 別のボウルに卵白と塩を入れ、ハンドミキサーの低速でさっとほぐし、グラニュー糖ⓒを加えて高速で3分、低速で1分（20cmの場合は2分）、ツノが立つまで泡立てる。

4 **2**に**3**の$\frac{1}{3}$量を加えてホイッパーでなじむまで混ぜ、**3**の残りの半量を加えて、ホイッパーをボウルに押しつけるようにしてなじむまで混ぜる。

5 「生地をすくい上げる→ふり落とす」をメレンゲが見えなくなるまで繰り返す。**3**のボウルに加えて同様にして混ぜ、なじんだらゴムべらで30回混ぜる。

6 チョコレートのボウルに**5**の生地70g（20cmの場合は120g）を加えてゴムべらで混ぜ、**5**のボウルに戻し入れて底から1回すくい上げて混ぜる。

7 型の1か所から流し入れ、台に型をつけたまま芯をおさえて前後に軽くゆすり、ゴムべらで壁面に向かって押しつけるようにしてならす。170℃のオーブンで30分（20cmの場合は40分）焼く。

8 取り出して型をひっくり返して、最低3時間以上冷まし、型からはずす（p.15作り方**11**〜**15**参照）。

シフォン生地を使ってカップケーキ

シフォン生地で作るカップケーキはふわふわしっとり。
形を変えると楽しみ方がぐんと広がります。

フルーツカップシフォン

材料　9個分
プレーンシフォン生地(p.13〜15) … 17㎝1台分
生クリーム(乳脂肪分35%) … 200g
グラニュー糖 … 14g
好みのフルーツ … 適量

作り方
1 プレーンシフォン生地(作り方**1〜8**)を作ってカップに入れ、天板にのせて170℃に予熱したオーブンで18分焼き、天板を台にトンと落として冷ます。

2 ボウルに生クリームとグラニュー糖を入れ、ハンドミキサーでツノが立つまで泡立てる。口径1㎝の丸口金をセットした絞り出し袋に入れる。

3 **1**に箸で穴をあけ、**2**を絞り入れ、表面にも絞ってフルーツを飾る。

レモンティーカップシフォン

材料　9個分
レモンティーシフォン生地(p.17) … 17㎝1台分
生クリーム(乳脂肪分35%) … 200g
グラニュー糖 … 14g
ドライレモン … 9枚

作り方
1 レモンティーシフォン生地(作り方**1〜4**)を作ってカップに入れ、天板にのせて170℃に予熱したオーブンで18分焼き、天板を台にトンと落として冷ます。

2 ボウルに生クリームとグラニュー糖を入れ、ハンドミキサーでツノが立つまで泡立てる。口径1㎝の丸口金をセットした絞り出し袋に入れる。

3 **1**に箸で穴をあけ、**2**を絞り入れ、表面にも絞ってドライレモンを飾る。

フォレノワールカップシフォン

材料　9個分
チョコシフォン生地（p.21）… 17cm1台分
生クリーム（乳脂肪分35％）… 200g
グラニュー糖 … 14g
キルシュ酒 … 10g
ダークスイートチェリー … 27粒
スイートチョコレート（削ったもの）… 適量

作り方
1 チョコシフォン生地（作り方**1〜6**）を作ってカップに入れ、天板にのせて170℃に予熱したオーブンで18分焼き、天板を台にトンと落として冷ます。

2 ボウルに生クリームとグラニュー糖を入れ、ハンドミキサーでツノが立つまで泡立て、キルシュ酒を加えてさっと混ぜる。口径1cmの丸口金をセットした絞り出し袋に入れる。

3 **1**に箸で穴をあけ、**2**を絞り入れ、表面にも絞ってチェリーとチョコレートを飾る。

モンブランカップシフォン

材料　10個分
マロンシフォン生地（p.49）… 17cm1台分
＊栗の渋皮煮はいらない。
生クリーム（乳脂肪分35％）… 170g
マロンペースト … 180g
ラム酒 … 8g
デコレーション用粉糖 … 適量

作り方
1 マロンシフォン生地（作り方**1〜4**）を作ってカップに入れ、天板にのせて170℃に予熱したオーブンで18分焼き、天板を台にトンと落として冷ます。

2 ボウルに生クリームを入れ、ハンドミキサーでツノが立つまで泡立て、70gを取り分ける。残りを口径1cmの丸口金をセットした絞り出し袋に入れる。

3 別のボウルにマロンペーストとラム酒を入れ、ハンドミキサーの低速でほぐし、**2**で取り分けた生クリームを3回に分けて加え、その都度均一になるまで混ぜる。口径1cmの丸口金をセットした絞り出し袋に入れる。

4 **1**に箸で穴をあけ、**2**を絞り入れ、表面に**3**を絞ってパレットナイフで模様をつけ、茶こしで粉糖をふる。

Chestnut

マロンシフォン

ほのかに広がるマロンの香りかと思いきや、最後に栗のダイレクトな味が残って
しっかりと栗のうまみが感じられます。生地にはマロンペーストを混ぜ込み、最後に栗の渋皮煮を加えます。

材料

	17 cm	20 cm
卵黄	4個分	7個分
卵白	4個分	7個分
きび砂糖ⓐ	10g	18g
きび砂糖ⓑ	60g	105g
米油	30g	53g
水	20g	35g
ラム酒	20g	35g
米粉	70g	123g
マロンペースト	100g	175g
塩	1つまみ	2つまみ
栗の渋皮煮	70g	123g

下準備

・ 栗はペーパータオルで水気を取り、6mm角くらいに刻む〈写真**a**〉。
・ 卵白は冷凍庫に13分ほど入れておく。
・ 型の芯に15×16cmにカットしたオーブンシートを巻きつける（p.14参照）。
・ オーブンは天板を入れて170℃に予熱する（作り方**1**で）。

a

b

作り方

1 ボウルに卵黄ときび砂糖ⓐを入れ、ハンドミキサーの高速で白っぽくなるまで泡立て、米油、分量の水とラム酒、米粉〈写真**b**〉、マロンペーストを順に加えて、その都度なじんでツヤが出るまでホイッパーでしっかり乳化させる。
＊ 使った羽根は洗って水気をしっかり拭き取っておく。

2 別のボウルに卵白と塩を入れ、ハンドミキサーの低速でさっとほぐし、きび砂糖ⓑを加えて高速で3分、低速で1分（20cmの場合は2分）、ツノが立つまで泡立てる。

3 **1**に**2**の⅓量を加えてホイッパーでなじむまで混ぜ、**2**の残りの半量を加えて、ホイッパーをボウルに押しつけるようにしてなじむまで混ぜる。

4 「生地をすくい上げる→ふり落とす」をメレンゲが見えなくなるまで繰り返す。**2**のボウルに加えて同様にして混ぜ、なじんだらゴムべらで30回混ぜる。栗を加えてゴムべらで底から3回すくい上げて混ぜる。

5 型の1か所から流し入れ、台に型をつけたまま芯をおさえて前後に軽くゆすり、ゴムべらで壁面に向かって押しつけるようにしてならす。170℃のオーブンで30分（20cmの場合は40分）焼く。

6 取り出して型をひっくり返して、最低3時間以上冷まし、型からはずす（p.15作り方**11**～**15**参照）。

Chestnut Chocolate

マロンチョコシフォン

マロン生地とチョコ生地をマーブル模様に。型に入れるとき、2つの生地を交互に3回ずつ入れるのがポイント。
チョコ好きにもマロン好きにも喜ばれるシフォンです。

材料

	17cm	20cm
卵黄	4個分	7個分
卵白	4個分	7個分
きび砂糖ⓐ	10g	18g
きび砂糖ⓑ	60g	105g
米油	30g	53g
水	20g	35g
ラム酒	20g	35g
米粉	70g	123g
マロンペースト	100g	175g
〈チョコペースト〉		
┌ スイートチョコレート	30g	53g
│ ココアパウダー	6g	11g
└ 水	20g	35g
塩	1つまみ	2つまみ

下準備

・ ココアパウダーはふるう。

・ 卵白は冷凍庫に13分ほど入れておく。

・ 型の芯に15×16cmにカットしたオーブンシートを巻きつける（p.14参照）。

・ オーブンは天板を入れて170℃に予熱する（作り方2で）。

a

b

作り方

1 ボウルに卵黄ときび砂糖ⓐを入れ、ハンドミキサーの高速で白っぽくなるまで泡立て、米油、分量の水とラム酒、米粉、マロンペーストを順に加えて、その都度なじんでツヤが出るまでホイッパーでしっかり乳化させる。

＊ 使った羽根は洗って水気をしっかり拭き取っておく。

2 〈チョコペースト〉鍋に材料を入れて弱めの中火にかけ、ゴムべらで混ぜながら加熱する。鍋縁がふつふつしてきたら火を止め、チョコレートを完全にとかす〈写真a〉。そのままおいておく。

3 別のボウルに卵白と塩を入れ、ハンドミキサーの低速でさっとほぐし、きび砂糖ⓑを加えて高速で3分、低速で1分（20cmの場合は2分）、ツノが立つまで泡立てる。

4 1に3の⅓量を加えてホイッパーでなじむまで混ぜ、3の残りの半量を加えて、ホイッパーをボウルに押しつけるようにしてなじむまで混ぜる。

5 「生地をすくい上げる→ふり落とす」をメレンゲが見えなくなるまで繰り返す。3のボウルに加えて同様にして混ぜ、なじんだらゴムべらで30回混ぜる。

6 別のボウルに5の生地30g（20cmの場合は60g）を入れ、2を加えてホイッパーで均一になるまで混ぜ、さらに5の生地200g（20cmの場合は350g）を加えて、ゴムべらでボウルの底から返しながら均一になるまで混ぜる。

7 型の1か所から5と6を交互に3回ずつ流し入れ〈写真b〉、台に型をつけたまま芯をおさえて前後に軽くゆすり、ゴムべらで壁面に向かって押しつけるようにしてならす。170℃のオーブンで30分（20cmの場合は40分）焼く。

8 取り出して型をひっくり返して、最低3時間以上冷まし、型からはずす（p.15作り方**11〜15**参照）。

Chestnut Mocha

マロンモカシフォン

コーヒーのほろ苦さがマロン生地と相まって、ほんのりとやさしいモカ味に。
コーヒークリームを添えるといっそう風味が増して、ぜいたくな味が楽しめます。

材料

	17㎝	20㎝
卵黄	4個分	7個分
卵白	4個分	7個分
きび砂糖ⓐ	10g	18g
きび砂糖ⓑ	60g	105g
米油	30g	53g
インスタントコーヒー	4g	7g
湯	20g	35g
ブランデー	20g	35g
米粉	70g	123g
マロンペースト	100g	175g
塩	1つまみ	2つまみ
コーヒークリーム（好みで／p.27参照）		適量

下準備

・容器に分量の湯を入れてインスタントコーヒーを溶かす。

・卵白は冷凍庫に13分ほど入れておく。

・型の芯に15×16㎝にカットしたオーブンシートを巻きつける
（p.14参照）。

・オーブンは天板を入れて170℃に予熱する（作り方1で）。

a

作り方

1 ボウルに卵黄ときび砂糖ⓐを入れ、ハンドミキサーの高速で白っぽくなるまで泡立て、米油、コーヒー液とブランデー〈写真a〉、米粉、マロンペーストを順に加えて、その都度なじんでツヤが出るまでホイッパーでしっかり乳化させる。

＊使った羽根は洗って水気をしっかり拭き取っておく。

2 別のボウルに卵白と塩を入れ、ハンドミキサーの低速でさっとほぐし、きび砂糖ⓑを加えて高速で3分、低速で1分（20㎝の場合は2分）、ツノが立つまで泡立てる。

3 1に2の⅓量を加えてホイッパーでなじむまで混ぜ、2の残りの半量を加えて、ホイッパーをボウルに押しつけるようにしてなじむまで混ぜる。

4 「生地をすくい上げる→ふり落とす」をメレンゲが見えなくなるまで繰り返す。2のボウルに加えて同様にして混ぜ、なじんだらゴムべらで30回混ぜる。

5 型の1か所から流し入れ、台に型をつけたまま芯をおさえて前後に軽くゆすり、ゴムべらで壁面に向かって押しつけるようにしてならす。170℃のオーブンで30分（20㎝の場合は40分）焼く。

6 取り出して型をひっくり返して、最低3時間以上冷まし、型からはずす（p.15作り方11〜15参照）。

7 カットして器に盛り、好みでコーヒークリームを添える。

Pumpkin

かぼちゃシフォン

ほんのりとかぼちゃの香りが漂うしっとりシフォン。
かぼちゃのやさしい色が食欲をそそります。

材料

	17cm	20cm
かぼちゃ	100g(正味)	175g(正味)
牛乳	40g	70g
卵黄	4個分	7個分
卵白	4個分	7個分
グラニュー糖@	10g	18g
グラニュー糖ⓑ	60g	105g
米油	30g	53g
ラム酒	10g	18g
米粉	70g	123g
塩	1つまみ	2つまみ

下準備

・ かぼちゃは皮をむいて5cm角くらいにカットする。
・ 卵白は冷凍庫に13分ほど入れておく。
・ 型の芯に15×16cmにカットしたオーブンシートを巻きつける
  (p.14参照)。
・ オーブンは天板を入れて170℃に予熱する(作り方2で)。

a

b

作り方

1 耐熱容器にかぼちゃをのせてラップをし、600W
の電子レンジで3分30秒加熱してやわらかくす
る。ミキサーで牛乳とともにペースト状にし〈写真
a〉、120g(20cmの場合は210g)を計量する〈写真b〉。

2 ボウルに卵黄とグラニュー糖@を入れ、ハンドミキ
サーの高速で白っぽくなるまで泡立て、米油、1
とラム酒、米粉を順に加えて、その都度なじんでツ
ヤが出るまでホイッパーでしっかり乳化させる。
＊ 使った羽根は洗って水気をしっかり拭き取っておく。

3 別のボウルに卵白と塩を入れ、ハンドミキサーの
低速でさっとほぐし、グラニュー糖ⓑを加えて高
速で3分、低速で1分(20cmの場合は2分)、ツノ
が立つまで泡立てる。

4 2に3の1/3量を加えてホイッパーでなじむまで混
ぜ、3の残りの半量を加えて、ホイッパーをボウル
に押しつけるようにしてなじむまで混ぜる。

5 「生地をすくい上げる→ふり落とす」をメレンゲが
見えなくなるまで繰り返す。3のボウルに加えて同
様にして混ぜ、なじんだらゴムべらで30回混ぜる。

6 型の1か所から流し入れ、台に型をつけたまま芯
をおさえて前後に軽くゆすり、ゴムべらで壁面に
向かって押しつけるようにしてならす。170℃の
オーブンで30分(20cmの場合は40分)焼く。

7 取り出して型をひっくり返して、最低3時間以上
冷まし、型からはずす(p.15作り方11〜15参照)。

Pumpkin Sesame

かぼちゃごまシフォン

ごまの風味とプチプチ感が楽しい。かぼちゃ生地とも好相性です。
かぼちゃ生地とごま生地をさっと混ぜてマーブル模様に仕上げます。混ぜすぎないように注意して。

材料

		17cm	20cm
かぼちゃ	…………………	100g(正味)	175g(正味)
牛乳	…………………	40g	70g
卵黄	…………………	4個分	7個分
卵白	…………………	4個分	7個分
グラニュー糖ⓐ	…………	10g	18g
グラニュー糖ⓑ	…………	60g	105g
米油	…………………	30g	53g
ブランデー	…………	10g	18g
米粉	…………………	70g	123g
塩	…………………	1つまみ	2つまみ
黒すりごま	…………	20g	35g

下準備

- かぼちゃは皮をむいて5cm角くらいにカットする。
- 卵白は冷凍庫に13分ほど入れておく。
- 型の芯に15×16cmにカットしたオーブンシートを巻きつける（p.14参照）。
- オーブンは天板を入れて170℃に予熱する（作り方**2**で）。

作り方

1 耐熱容器にかぼちゃをのせてラップをし、600Wの電子レンジで3分30秒加熱してやわらくする。ミキサーで牛乳とともにペースト状にし、120g（20cmの場合は210g）を計量する。

2 ボウルに卵黄とグラニュー糖ⓐを入れ、ハンドミキサーの高速で白っぽくなるまで泡立て、米油、**1**とブランデー、米粉を順に加えて、その都度なじんでツヤが出るまでホイッパーでしっかり乳化させる。

＊使った羽根は洗って水気をしっかり拭き取っておく。

3 別のボウルに卵白と塩を入れ、ハンドミキサーの低速でさっとほぐし、グラニュー糖ⓑを加えて高速で3分、低速で1分（20cmの場合は2分）、ツノが立つまで泡立てる。

4 **2**に**3**の1/3量を加えてホイッパーでなじむまで混ぜ、**3**の残りの半量を加えて、ホイッパーをボウルに押しつけるようにしてなじむまで混ぜる。

5 「生地をすくい上げる→ふり落とす」をメレンゲが見えなくなるまで繰り返す。**3**のボウルに加えて同様にして混ぜ、なじんだらゴムべらで30回混ぜる。

6 **5**の生地から120g（20cmの場合は210g）を別のボウルに入れて黒すりごまを加え〈写真**a**〉、ゴムべらで混ぜ合わせる。**5**に戻し入れ、ゴムべらでボウルの底から1回返して混ぜる〈写真**b**〉。

7 型の1か所から流し入れ、台に型をつけたまま芯をおさえて前後に軽くゆすり、ゴムべらで壁面に向かって押しつけるようにしてならす。170℃のオーブンで30分（20cmの場合は40分）焼く。

8 取り出して型をひっくり返して、最低3時間以上冷まし、型からはずす（p.15作り方**11**～**15**参照）。

a　　　　b

Pumpkin Sweet Potato Chestnut

かぼちゃいも栗シフォン

同じような食感の3つの素材が織りなす絶品シフォン。

違和感なく味のハーモニーが楽しめます。ほうじ茶クリームを添えると味をきゅっとまとめてくれます。

材料

	17cm	20cm
かぼちゃ	100g(正味)	175g(正味)
牛乳	40g	70g
卵黄	4個分	7個分
卵白	4個分	7個分
きび砂糖ⓐ	10g	18g
きび砂糖ⓑ	60g	105g
米油	30g	53g
ラム酒	10g	18g
米粉	70g	123g
塩	1つまみ	2つまみ
栗の渋皮煮	60g	105g
さつまいも	60g	105g
ほうじ茶クリーム(好みで／p.27参照)		適量

下準備

・かぼちゃは皮をむいて5cm角くらいにカットする。

・栗はペーパータオルで水気を取り、7mm角くらいに切る。

・さつまいもは7mm角に切ってやわらかくゆでてざるに上げ、水気をしっかりきる〈写真a〉。

・卵白は冷凍庫に13分ほど入れておく。

・型の芯に15×16cmにカットしたオーブンシートを巻きつける(p.14参照)。

・オーブンは天板を入れて170℃に予熱する(作り方2で)。

a

作り方

1 耐熱容器にかぼちゃをのせてラップをし、600Wの電子レンジで3分30秒加熱してやわらかくする。ミキサーで牛乳とともにペースト状にし、120g(20cmの場合は210g)を計量する。

2 ボウルに卵黄ときび砂糖ⓐを入れ、ハンドミキサーの高速で白っぽくなるまで泡立て、米油、**1**とラム酒、米粉を順に加えて、その都度なじんでツヤが出るまでホイッパーでしっかり乳化させる。
＊使った羽根は洗って水気をしっかり拭き取っておく。

3 別のボウルに卵白と塩を入れ、ハンドミキサーの低速でさっとほぐし、きび砂糖ⓑを加えて高速で3分、低速で1分(20cmの場合は2分)、ツノが立つまで泡立てる。

4 **2**に**3**の$\frac{1}{3}$量を加えてホイッパーでなじむまで混ぜ、**3**の残りの半量を加えて、ホイッパーをボウルに押しつけるようにしてなじむまで混ぜる。

5 「生地をすくい上げる→ふり落とす」をメレンゲが見えなくなるまで繰り返す。**3**のボウルに加えて同様にして混ぜ、なじんだらゴムべらで30回混ぜる。栗とさつまいもを加え、均一になるまで混ぜる。

6 型の1か所から流し入れ、台に型をつけたまま芯をおさえて前後に軽くゆすり、ゴムべらで壁面に向かって押しつけるようにしてならす。170℃のオーブンで30分(20cmの場合は40分)焼く。

7 取り出して型をひっくり返して、最低3時間以上冷まし、型からはずす(p.15作り方**11**〜**15**参照)。

8 カットして器に盛り、好みでほうじ茶クリームを添える。

Strawberry

いちごシフォン

乙女心をくすぐるピンクのシフォンは、春に作りたくなります。
いちごパウダーを生地に混ぜ込んで、やさしいいちご風味に仕上げます。

材料

		17cm	20cm
卵黄		4個分	7個分
卵白		4個分	7個分
グラニュー糖ⓐ		10g	18g
グラニュー糖ⓑ		60g	105g
米油		30g	53g
水		60g	105g
A	米粉	80g	140g
	いちごパウダー	30g	53g
塩		1つまみ	2つまみ

下準備

・ ボウルにAを入れてホイッパーで混ぜ合わせる〈写真a〉。
・ 卵白は冷凍庫に13分ほど入れておく。
・ 型の芯に15×16cmにカットしたオーブンシートを巻きつける（p.14参照）。
・ オーブンは天板を入れて170℃に予熱する（作り方1で）。

作り方

1 ボウルに卵黄とグラニュー糖ⓐを入れ、ハンドミキサーの高速で白っぽくなるまで泡立て、米油、分量の水、Aを順に加えて〈写真b〉、その都度なじんでツヤが出るまでホイッパーでしっかり乳化させる。
＊使った羽根は洗って水気をしっかり拭き取っておく。

2 別のボウルに卵白と塩を入れ、ハンドミキサーの低速でさっとほぐし、グラニュー糖ⓑを加えて高速で3分、低速で1分（20cmの場合は2分）、ツノが立つまで泡立てる。

3 1に2の⅓量を加えてホイッパーでなじむまで混ぜ、2の残りの半量を加えて、ホイッパーをボウルに押しつけるようにしてなじむまで混ぜる。

4 「生地をすくい上げる→ふり落とす」をメレンゲが見えなくなるまで繰り返す。2のボウルに加えて同様にして混ぜ、なじんだらゴムべらで30回混ぜる。

5 型の1か所から流し入れ、台に型をつけたまま芯をおさえて前後に軽くゆすり、ゴムべらで壁面に向かって押しつけるようにしてならす。170℃のオーブンで30分（20cmの場合は40分）焼く。

6 取り出して型をひっくり返して、最低3時間以上冷まし、型からはずす（p.15作り方11〜15参照）。

a

b

Strawberry Chocolate

いちごチョコシフォン

いちご生地とチョコ生地を重ねて仕上げて、見た目が楽しい心躍るシフォンです。
型に入れるとき、2つの生地を交互に3回ずつ流し入れてきれいな模様に仕上げましょう。

材料

	17cm	20cm
卵黄 ………………………	4個分	7個分
卵白 ………………………	4個分	7個分
グラニュー糖ⓐ ………………	10g	18g
グラニュー糖ⓑ ………………	60g	105g
米油 ………………………	30g	53g
水 …………………………	60g	105g
A 米粉 ……………………	80g	140g
いちごパウダー …………	30g	53g
〈チョコペースト〉		
スイートチョコレート ………	30g	53g
ココアパウダー ……………	6g	11g
水 ……………………………	20g	35g
塩 …………………………………	1つまみ	2つまみ
いちごクリーム(好みで／p.27参照) ……		適量

下準備

・ボウルに**A**を入れてホイッパーで混ぜ合わせる。

・ココアパウダーはふるう。

・卵白は冷凍庫に13分ほど入れておく。

・型の芯に15×16cmにカットしたオーブンシートを巻きつける (p.14参照)。

・オーブンは天板を入れて170℃に予熱する(作り方**2**で)。

a

作り方

1 ボウルに卵黄とグラニュー糖ⓐを入れ、ハンドミキサーの高速で白っぽくなるまで泡立て、米油、分量の水、**A**を順に加えて、その都度なじんでツヤが出るまでホイッパーでしっかり乳化させる。

＊使った羽根は洗って水気をしっかり拭き取っておく。

2 〈チョコペースト〉鍋に材料を入れて弱めの中火にかけ、ゴムべらで混ぜながら加熱する。鍋縁がふつふつしてきたら火を止め、チョコレートを完全にとかす。そのままおいておく。

3 別のボウルに卵白と塩を入れ、ハンドミキサーの低速でさっとほぐし、グラニュー糖ⓑを加えて高速で3分、低速で1分(20cmの場合は2分)、ツノが立つまで泡立てる。

4 **1**に**3**の$\frac{1}{3}$量を加えてホイッパーでなじむまで混ぜ、**3**の残りの半量を加えて、ホイッパーをボウルに押しつけるようにしてなじむまで混ぜる。

5 「生地をすくい上げる→ふり落とす」をメレンゲが見えなくなるまで繰り返す。**3**のボウルに加えて同様にして混ぜ、なじんだらゴムべらで30回混ぜる。

6 別のボウルに**2**と**5**の生地30g(20cmの場合は60g)を入れ、ホイッパーで均一になるまで混ぜ、さらに**5**の生地150g(20cmの場合は260g)を加えて、ゴムべらでボウルの底から返しながら均一になるまで混ぜる。

7 型の1か所から**5**と**6**を交互に3回ずつ流し入れ〈写真**a**〉、台に型をつけたまま芯をおさえて前後に軽くゆすり、ゴムべらで壁面に向かって押しつけるようにしてならす。170℃のオーブンで30分(20cmの場合は40分)焼く。

8 取り出して型をひっくり返して、最低3時間以上冷まし、型からはずす(p.15作り方**11**～**15**参照)。

9 カットして器に盛り、好みでいちごクリームを添える。

Strawberry Cherry

いちご桜シフォン

いちごパウダーと桜パウダーのダブル使いで口の中は春爛漫。
桜パウダーは桜の花をペースト状にして乾燥させたもの。甘酸っぱいドライクランベリーがアクセントです。

材料

	17cm	20cm
卵黄	4個分	7個分
卵白	4個分	7個分
グラニュー糖ⓐ	10g	18g
グラニュー糖ⓑ	60g	105g
米油	30g	53g
牛乳	60g	105g
A 米粉	80g	140g
いちごパウダー〈写真a〉	16g	28g
桜パウダー〈写真b〉	4g	7g
ドライクランベリー	30g	53g
塩	1つまみ	2つまみ

下準備

- ボウルにAを入れてホイッパーで混ぜ合わせる。
- ドライクランベリーは湯をかけてふやかし、ペーパータオルで水気を取って細かく刻む。
- 卵白は冷凍庫に13分ほど入れておく。
- 型の芯に15×16cmにカットしたオーブンシートを巻きつける（p.14参照）。
- オーブンは天板を入れて170℃に予熱する（作り方1で）。

a

b

作り方

1 ボウルに卵黄とグラニュー糖ⓐを入れ、ハンドミキサーの高速で白っぽくなるまで泡立て、米油、牛乳、Aを順に加えて、その都度なじんでツヤが出るまでホイッパーでしっかり乳化させる。クランベリーを加えて、均一になるまで混ぜる。
＊使った羽根は洗って水気をしっかり拭き取っておく。

2 別のボウルに卵白と塩を入れ、ハンドミキサーの低速でさっとほぐし、グラニュー糖ⓑを加えて高速で3分、低速で1分（20cmの場合は2分）、ツノが立つまで泡立てる。

3 1に2の1/3量を加えてホイッパーでなじむまで混ぜ、2の残りの半量を加えて、ホイッパーをボウルに押しつけるようにしてなじむまで混ぜる。

4 「生地をすくい上げる→ふり落とす」をメレンゲが見えなくなるまで繰り返す。2のボウルに加えて同様にして混ぜ、なじんだらゴムべらで30回混ぜる。

5 型の1か所から流し入れ、台に型をつけたまま芯をおさえて前後に軽くゆすり、ゴムべらで壁面に向かって押しつけるようにしてならす。170℃のオーブンで30分（20cmの場合は40分）焼く。

6 取り出して型をひっくり返して、最低3時間以上冷まし、型からはずす（p.15作り方11〜15参照）。

シフォン生地を使ってパンケーキ

シフォン生地でパンケーキを作るとふわふわしっとり。
口の中でとろけるようです。フルーツを添えたりソースをかけてお楽しみください。

スフレパンケーキ フルーツ添え

材料　直径12cm6枚分
プレーンシフォン生地（p.13〜15）… 1台分（17cm）
好みのフルーツ、メープルシロップ … 各適量

作り方

1 プレーンシフォン生地（作り方**1**〜**8**）を作る。

2 フライパンを中火にかけて熱し、ぬれぶきんの上にのせてお玉で1/6量を丸く流し入れる。水大さじ1（分量外）を回し入れて蓋をし、下面に焼き色がつくまで弱火で3分ほど焼く。フライ返しでひっくり返し、蓋をしないで再び弱火で3分ほど焼く。残りも同様にして焼く。

3 器に**2**を盛ってカットしたフルーツを添え、メープルシロップをかける。

チョコ&ベリーパンケーキ

材料　直径12cm6枚分
チョコシフォン生地（p.21）… 1台分（17cm）

〈チョコソース〉
スイートチョコレート … 40g
生クリーム（乳脂肪分35%）… 40g

チョコレートクリーム（p.26参照）、ラズベリー … 各適量

作り方

1 チョコシフォン生地（作り方**1**〜**6**）を作る。

2 フライパンを中火にかけて熱し、ぬれぶきんの上にのせてお玉で1/6量を丸く流し入れる。水大さじ1（分量外）を回し入れて蓋をし、下面に焼き色がつくまで弱火で3分ほど焼く。フライ返しでひっくり返し、蓋をしないで再び弱火で3分ほど焼く。残りも同様にして焼く。

3 〈チョコソース〉焼いている間に鍋にチョコレートと生クリームを入れて火にかけ、チョコレートがとけるまでゴムべらで混ぜる。

4 器に**2**を盛って、チョコレートクリームとラズベリーをのせ、**3**をかける。

抹茶スフレパンケーキ

材料　直径12cm6枚分
抹茶シフォン生地(p.35) … 1台分(17cm)
＊抹茶ペーストの材料はいらない。
プレーンクリーム(p.26参照) … 適量
抹茶 … 適量

作り方

1　抹茶シフォン生地(作り方2〜5)を作る。

2　フライパンを中火にかけて熱し、ぬれぶきんの上にのせて
　お玉で1/6量を丸く流し入れる。水大さじ1(分量外)を回し
　入れて蓋をし、下面に焼き色がつくまで弱火で3分ほど焼
　く。フライ返しでひっくり返し、蓋をしないで再び弱火で3
　分ほど焼く。残りも同様にして焼く。

3　器に2を盛ってプレーンクリームをのせ、茶こしで抹茶を
　ふる。

キャラメルバナナのスフレパンケーキ

材料　直径12cm6枚分
バナナシフォン生地(p.69) … 1台分(17cm)

〈キャラメルソース〉
生クリーム(乳脂肪分35%) … 40g
グラニュー糖 … 10g＋20g

バナナ、くるみ … 各適量

作り方

1　〈キャラメルソース〉耐熱容器に生クリームとグラニュー糖
　10gを入れ、500Wの電子レンジで40秒温める[a]。鍋にグ
　ラニュー糖20gを入れて火にかけ、好みの濃さになったら
　火を止めて[a]を加え、ゴムべらで混ぜる。容器に移して冷
　ます。

2　バナナシフォン生地(作り方1〜4)を作る。

3　フライパンを中火にかけて熱し、ぬれぶきんの上にのせて
　お玉で1/6量を丸く流し入れる。水大さじ1(分量外)を回し
　入れて蓋をし、下面に焼き色がつくまで弱火で3分ほど焼
　く。フライ返しでひっくり返し、蓋をしないで再び弱火で3
　分ほど焼く。残りも同様にして焼く。

4　器に3を盛ってバナナをのせ、1とくるみをかける。

Banana

バナナシフォン

バナナは熟したものを使うと香りと甘みがしっかり出て、熟す前のものを使うとさっぱりといただけます。
みんなの好きなバナナ味のふんわりシフォンは、きっと何度でも作りたくなるはず。

材料

	17cm	20cm
卵黄	4個分	7個分
卵白	4個分	7個分
グラニュー糖ⓐ	10g	18g
グラニュー糖ⓑ	60g	105g
米油	30g	53g
牛乳	40g	70g
ラム酒	10g	18g
米粉	70g	123g
バナナ	60g(正味)	105g(正味)
塩	1つまみ	2つまみ

下準備

・卵白は冷凍庫に13分ほど入れておく。
・型の芯に15×16cmにカットしたオーブンシートを巻きつける（p.14参照）。
・オーブンは天板を入れて170℃に予熱する（作り方1で）。

a

作り方

1 ボウルに卵黄とグラニュー糖ⓐを入れ、ハンドミキサーの高速で白っぽくなるまで泡立て、米油、牛乳とラム酒、米粉、ポリ袋に入れて手で握りつぶしたバナナを順に加えて〈写真a〉、その都度なじんでツヤが出るまでホイッパーでしっかり乳化させる。
＊使った羽根は洗って水気をしっかり拭き取っておく。

2 別のボウルに卵白と塩を入れ、ハンドミキサーの低速でさっとほぐし、グラニュー糖ⓑを加えてハンドミキサーの高速で3分、低速で1分（20cmの場合は2分）、ツノが立つまで泡立てる。

3 1に2の⅓量を加えてホイッパーでなじむまで混ぜ、2の残りの半量を加えて、ホイッパーをボウルに押しつけるようにしてなじむまで混ぜる。

4 「生地をすくい上げる→ふり落とす」をメレンゲが見えなくなるまで繰り返す。2のボウルに加えて同様にして混ぜ、なじんだらゴムべらで30回混ぜる。

5 型の1か所から流し入れ、台に型をつけたまま芯をおさえて前後に軽くゆすり、ゴムべらで壁面に向かって押しつけるようにしてならす。170℃のオーブンで30分（20cmの場合は40分）焼く。

6 取り出して型をひっくり返して、最低3時間以上冷まし、型からはずす（p.15作り方11〜15参照）。

Banana Chocolate

バナナチョコシフォン

バナナとチョコの香りが交互に広がってきます。チョコはフレーク状のものをそのまま加えるだけ。
生地がチョコ色にならず、つぶつぶの模様になって、見た目も味も◎。

材料

	17cm	20cm
卵黄	4個分	7個分
卵白	4個分	7個分
きび砂糖ⓐ	10g	18g
きび砂糖ⓑ	60g	105g
米油	30g	53g
牛乳	40g	70g
米粉	70g	123g
バナナ	60g(正味)	105g(正味)
スイートチョコレート(フレーク)〈写真a〉	40g	70g
塩	1つまみ	2つまみ

＊板状のものを使う場合は包丁で細かく刻む。

下準備

・ 卵白は冷凍庫に13分ほど入れておく。
・ 型の芯に15×16cmにカットしたオーブンシートを巻きつける
　（p.14参照）。
・ オーブンは天板を入れて170℃に予熱する（作り方1で）。

a

作り方

1 ボウルに卵黄ときび砂糖ⓐを入れ、ハンドミキサーの高速で白っぽくなるまで泡立て、米油、牛乳、米粉、ポリ袋に入れて手で握りつぶしたバナナを順に加えて、その都度なじんでツヤが出るまでホイッパーでしっかり乳化させる。チョコレートを加えて混ぜ合わせる。

＊使った羽根は洗って水気をしっかり拭き取っておく。

2 別のボウルに卵白と塩を入れ、ハンドミキサーの低速でさっとほぐし、きび砂糖ⓑを加えて高速で3分、低速で1分（20cmの場合は2分）、ツノが立つまで泡立てる。

3 1に2の⅓量を加えてホイッパーでなじむまで混ぜ、2の残りの半量を加えて、ホイッパーをボウルに押しつけるようにしてなじむまで混ぜる。

4 「生地をすくい上げる→ふり落とす」をメレンゲが見えなくなるまで繰り返す。2のボウルに加えて同様にして混ぜ、なじんだらゴムべらで30回混ぜる。

5 型の1か所から流し入れ、台に型をつけたまま芯をおさえて前後に軽くゆすり、ゴムべらで壁面に向かって押しつけるようにしてならす。170℃のオーブンで30分（20cmの場合は40分）焼く。

6 取り出して型をひっくり返して、最低3時間以上冷まし、型からはずす（p.15作り方11〜15参照）。

Banana Caramel

バナナキャラメルシフォン

バナナとキャラメルはみんなが大好きな組み合わせ。
キャラメルの上品な味と香りが全体をリッチにまとめてくれます。

材料

〈キャラメルペースト〉	17cm	20cm
グラニュー糖 ………………………	20g	35g
生クリーム(乳脂肪分35%) …………	40g	70g
卵黄 ………………………………	4個分	7個分
卵白 ………………………………	4個分	7個分
きび砂糖ⓐ ………………………	10g	18g
きび砂糖ⓑ ………………………	60g	105g
米油 ………………………………	30g	53g
牛乳 ………………………………	40g	70g
米粉 ………………………………	70g	123g
バナナ ……………………………	40g(正味)	70g(正味)
塩 …………………………………	1つまみ	2つまみ

下準備

・ 卵白は冷凍庫に13分ほど入れておく。

・ 型の芯に15×16cmにカットしたオーブンシートを巻きつける
  (p.14参照)。

・ オーブンは天板を入れて170℃に予熱する(作り方2で)。

a

作り方

1 〈キャラメルペースト〉生クリームは耐熱容器に入れて500Wの電子レンジで30秒加熱する。鍋にグラニュー糖を入れ、ときどきゆすりながら濃いめのキャラメル色になるまで加熱し、生クリームを2回に分けて加え〈写真a〉、その都度ゴムべらでよく混ぜる。

2 ボウルに卵黄ときび砂糖ⓐを入れ、ハンドミキサーの高速で白っぽくなるまで泡立て、米油、牛乳と1、米粉、ポリ袋に入れて手で握りつぶしたバナナを順に加えて、その都度なじんでツヤが出るまでホイッパーでしっかり乳化させる。

＊使った羽根は洗って水気をしっかり拭き取っておく。

3 別のボウルに卵白と塩を入れ、ハンドミキサーの低速でさっとほぐし、きび砂糖ⓑを加えて高速で3分、低速で1分(20cmの場合は2分)、ツノが立つまで泡立てる。

4 2に3の1/3量を加えてホイッパーでなじむまで混ぜ、3の残りの半量を加えて、ホイッパーをボウルに押しつけるようにしてなじむまで混ぜる。

5 「生地をすくい上げる→ふり落とす」をメレンゲが見えなくなるまで繰り返す。3のボウルに加えて同様にして混ぜ、なじんだらゴムべらで30回混ぜる。

6 型の1か所から流し入れ、台に型をつけたまま芯をおさえて前後に軽くゆすり、ゴムべらで壁面に向かって押しつけるようにしてならす。170℃のオーブンで30分(20cmの場合は40分)焼く。

7 取り出して型をひっくり返して、最低3時間以上冷まし、型からはずす(p.15作り方11〜15参照)。

Cheese

チーズシフォン

ふわっとレモンの香りが広がったかと思うと、すぐにチーズの風味が押し寄せてくる爽やかな味わい。
クリーミーさがありつつさっぱりといただけるシフォンです。

材料

	17 cm	20 cm
クリームチーズ	100g	175g
牛乳	40g	70g
卵黄	4個分	7個分
卵白	4個分	7個分
グラニュー糖ⓐ	20g	35g
グラニュー糖ⓑ	60g	105g
レモンの皮のすりおろし	½個分	1個分
バニラオイル	4滴	7滴
米油	30g	53g
米粉	80g	140g
塩	1つまみ	2つまみ

下準備

・ 卵白は冷凍庫に13分ほど入れておく。
・ 型の芯に15×16cmにカットしたオーブンシートを巻きつける
（p.14参照）。
・ オーブンは天板を入れて170℃に予熱する（作り方2で）。

a

作り方

1 耐熱容器にクリームチーズを入れ、600Wの電子レンジで20秒加熱してホイッパーで混ぜる。牛乳を2回に分けて加え〈写真a〉、その都度よく混ぜる。

2 ボウルに卵黄とグラニュー糖ⓐ、レモンの皮、バニラオイルを入れ、ホイッパーで均一になるまで混ぜる。米油、1、米粉を順に加え、その都度なじんでツヤが出るまでホイッパーでしっかり乳化させる。

3 別のボウルに卵白と塩を入れ、ハンドミキサーの低速でさっとほぐし、グラニュー糖ⓑを加えて高速で3分、低速で1分（20cmの場合は2分）、ツノが立つまで泡立てる。

4 2に3の⅓量を加えてホイッパーでなじむまで混ぜ、3の残りの半量を加えて、ホイッパーをボウルに押しつけるようにしてなじむまで混ぜる。

5 「生地をすくい上げる→ふり落とす」をメレンゲが見えなくなるまで繰り返す。3のボウルに加えて同様にして混ぜ、なじんだらゴムべらで均一になるまで混ぜる。

6 型の1か所から流し入れ、台に型をつけたまま芯をおさえて前後に軽くゆする。170℃のオーブンで30分（20cmの場合は40分）焼く。

7 取り出して型をひっくり返して、最低3時間以上冷まし、型からはずす（p.15作り方**11〜15**参照）。

75

Cheese Cafe Mocha

チーズカフェモカシフォン

爽やかなチーズ生地に相性抜群のカフェモカ風味をプラス。
いい香りとぜいたくな味わいが魅力のシフォンです。

材料

	17cm	20cm
インスタントコーヒー	4g	7g
ココアパウダー	4g	7g
湯	10g	18g
クリームチーズ	100g	175g
牛乳	30g	53g
卵黄	4個分	7個分
卵白	4個分	7個分
きび砂糖ⓐ	20g	35g
きび砂糖ⓑ	60g	105g
米油	30g	53g
米粉	80g	140g
塩	1つまみ	2つまみ

下準備

・ ココアパウダーはふるう。

・ 卵白は冷凍庫に13分ほど入れておく。

・ 型の芯に15×16cmにカットしたオーブンシートを巻きつける
（p.14参照）。

・ オーブンは天板を入れて170℃に予熱する（作り方3で）。

a

作り方

1 容器にインスタントコーヒー、ココアパウダー、分量の湯を入れてスプーンで混ぜ、ペースト状にする〈写真**a**〉。

2 耐熱容器にクリームチーズを入れ、600Wの電子レンジで20秒加熱してホイッパーで混ぜる。牛乳を2回に分けて加え、その都度よく混ぜる。

3 ボウルに卵黄ときび砂糖ⓐを入れ、ホイッパーで均一になるまで混ぜる。米油、**1**、**2**、米粉を順に加え、その都度なじんでツヤが出るまでホイッパーでしっかり乳化させる。

4 別のボウルに卵白と塩を入れ、ハンドミキサーの低速でさっとほぐし、きび砂糖ⓑを加えて高速で3分、低速で1分（20cmの場合は2分）、ツノが立つまで泡立てる。

5 **3**に**4**の1/3量を加えて、ホイッパーでなじむまでぐるぐる混ぜ、**4**の残りの半量を加え、ホイッパーをボウルに押しつけるようにしてなじむまで混ぜる。

6 「生地をすくい上げる→ふり落とす」をメレンゲが見えなくなるまで繰り返す。**4**のボウルに加えて同様にして混ぜ、なじんだらゴムべらで均一になるまで混ぜる。

7 型の1か所から流し入れ、台に型をつけたまま芯をおさえて前後に軽くゆする。170℃のオーブンで30分（20cmの場合は40分）焼く。

8 取り出して型をひっくり返して、最低3時間以上冷まし、型からはずす（p.15作り方**11**〜**15**参照）。

Cheese Matcha

チーズ抹茶シフォン

チーズと抹茶の意外な組み合わせですが、見事に調和。どちらの味が強いわけではなく、
混ざり合ってまとまりのある味になっています。

材料

	17cm	20cm
クリームチーズ	100g	175g
牛乳	40g	70g
卵黄	4個分	7個分
卵白	4個分	7個分
グラニュー糖ⓐ	20g	35g
グラニュー糖ⓑ	60g	105g
米油	30g	53g
A 米粉	70g	123g
抹茶	4g	7g
塩	1つまみ	2つまみ
ヨーグルトクリーム(好みで／p.26参照)		適量

下準備

・ ボウルにAの米粉を入れて抹茶をふるい入れ、ホイッパーで混ぜ合わせる。
・ 卵白は冷凍庫に13分ほど入れておく。
・ 型の芯に15×16cmにカットしたオーブンシートを巻きつける(p.14参照)。
・ オーブンは天板を入れて170℃に予熱する(作り方2で)。

a

作り方

1 耐熱容器にクリームチーズを入れ、600Wの電子レンジで20秒加熱してホイッパーで混ぜる。牛乳を2回に分けて加え、その都度よく混ぜる。

2 ボウルに卵黄とグラニュー糖ⓐを入れ、ホイッパーで均一になるまで混ぜる。米油、1、Aを順に加え〈写真a〉、その都度なじんでツヤが出るまでホイッパーでしっかり乳化させる。

3 別のボウルに卵白と塩を入れ、ハンドミキサーの低速でさっとほぐし、グラニュー糖ⓑを加えて高速で3分、低速で1分(20cmの場合は2分)、ツノが立つまで泡立てる。

4 2に3の1/3量を加えてホイッパーでなじむまで混ぜ、3の残りの半量を加えて、ホイッパーをボウルに押しつけるようにしてなじむまで混ぜる。

5 「生地をすくい上げる→ふり落とす」をメレンゲが見えなくなるまで繰り返す。3のボウルに加えて同様にして混ぜ、なじんだらゴムべらで均一になるまで混ぜる。

6 型の1か所から流し入れ、台に型をつけたまま芯をおさえて前後に軽くゆする。170℃のオーブンで30分(20cmの場合は40分)焼く。

7 取り出して型をひっくり返して、最低3時間以上冷まし、型からはずす(p.15作り方11〜15参照)。好みでヨーグルトクリームを表面にかける。

スコップショートケーキ

材料　18×18×高さ5cmの器1台分
プレーンシフォン(p.12) … 1台(17cm)
生クリーム(乳脂肪分35%) … 200g
グラニュー糖 … 14g
いちご … 10粒
ラズベリー … 20粒

下準備
- ボウルに生クリームとグラニュー糖を入れ、氷水に当ててホイッパーでしっかり持ち上げられるかたさに泡立てる。
- ベリー類は洗って水気を拭き、いちごはへたを取って4等分に切る。

作り方
1 シフォンケーキを1cm厚さにスライスし、器の底に並べる。
2 生クリームをスプーンで広げ、フルーツの半量を散らしてのせる。
3 残りのシフォンケーキを並べてのせ、残りのクリームをぬる。いちごとラズベリーを全体に散らす。

Column

でき上がったシフォンでスコップケーキ

シフォンケーキをスライスしてスコップケーキに。
クリームと一体化してとろける食感。パーティにもぴったりです。

材料　18×18×高さ4cmの器1台分
チョコシフォン(p.20) … ½台(17cm／縦半分にカット)

〈コーヒーシロップ〉
水 … 100g
きび砂糖 … 10g
インスタントコーヒー(顆粒) … 4g

〈ティラミスクリーム〉
卵黄 … 2個分
きび砂糖 … 50g
水 … 6g
マスカルポーネ … 200g
生クリーム(乳脂肪分35%) … 200g

ココアパウダー … 適量

下準備
・ボウルに生クリームを入れ、氷水に当ててホイッパーでしっ
　かり持ち上げられるかたさに泡立てる。

作り方

1 〈コーヒーシロップ〉鍋に分量の水、きび砂糖、インスタントコー
ヒーを入れて火にかけ、沸騰したら火を止めて容器に移
して冷ます。

2 器の底にシフォンケーキを2cm厚さにスライスして並べ、
スプーンでコーヒーシロップをまんべんなくふりかけて冷
蔵庫に入れておく。

3 〈ティラミスクリーム〉ボウルに卵黄、きび砂糖、分量の水を入
れ、ホイッパーで混ぜる。沸騰している状態を保った湯せ
んにボウルの底を当て、ホイッパーで混ぜながら白っぽく
なるまで、3分程度加熱する。湯せんからはずし、別のボウ
ルにこし器をのせてこし、ボウルの底を氷水に当てて熱を
取る。

4 マスカルポーネをゴムべらでひとすくいして**3**に加えて混
ぜ、残りのマスカルポーネを加えてゴムべらでさっくりと
合わせる。泡立てた生クリームを加えてさっくりと混ぜる。

5 **2**の器に流し入れて表面を平らにならし、冷蔵庫で1時間以
上休ませる。食べる直前にココアパウダーを茶こしでふる。

スコップティラミス

基本の材料

本書では米粉をはじめとして体にやさしい材料を使っています。砂糖は素材の味をストレートに感じさせたいときはグラニュー糖、素材の味に深みやコクをプラスしたいときはきび砂糖を使っています。

米粉

米粉100％の製菓用のものを使用。ほかにミックスタイプがあるが、グルテンが含まれているものがあるので注意が必要。スーパーなどで手軽に購入できる米粉でOK。本書では「米の粉」（共立食品）を使用。

細目グラニュー糖

粒子が細かく溶けやすい製菓用のものを使用。ないときは粉糖でも代用できる。

きび砂糖

さとうきびの液を煮詰めて作った砂糖の一種。色は薄茶色で特有の風味とコクがある。ミネラルやカリウムなどを多く含み、まろやかな甘みが特徴。

米油

米ぬかから生まれた植物油で、オレイン酸やリノレン酸、抗酸化物質などを多く含み、体にやさしい油。

生クリーム

本書では乳脂肪分35％と40％のものを使用。ホイップクリームにするときは、ボウルの底を氷水に当てて。開封したらなるべく早く使い切る。

卵

正味50〜55gのMサイズを使用。卵黄は冷凍保存できない。卵白は保存袋に入れて冷凍で1か月ほど保存できる。

塩

本書で使用したのは「雪塩」（パラダイスプラン）。味の引き締めに使用。溶けやすくうまみがある。

材料協力

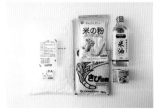

cotta
https://www.cotta.jp

道具

ふだん使い慣れたものだと作業がスムーズにできます。オーブンの温度が気になるときは庫内温度計があると安心です。

ボウル

直径18cmと21cmのものを使用。シフォン型20cmの場合は21cmと24cmを使用する。

ホイッパー（泡立て器）

ワイヤーがしっかりして握りやすいものを。根元部分に汚れがたまりやすいので使ったらすぐに洗って。

ハンドミキサー

「高速」「中速」「低速」の3段階に切り換えられるもの。羽根の先端がきゅっとすぼまっていないものがおすすめ。

鍋

湯せんなどで使用。

ゴムべら

耐熱タイプのものを2～3本用意しておくと便利。

ナイフ

型から生地をはずしたり、カットするときに使用。

オーブンシート

紙製の使い捨てタイプ。型から取り出しやすくするため、型の中心部に巻きつけて使用。

天板

オーブンに付属のものを使用。

軍手

オーブンから天板を取り出すときに使用。

庫内温度計

最高300℃まではかれ、オーブン庫内にとりつけ可能（TANITA）。1,000円くらい。

シフォン型

直径17cmのシフォン型を使用。本書では20cmのシフォン型の場合の分量も材料に併記している。

柳谷みのり
Minori Yanagidani

「みのすけ通信お菓子教室」主宰。菓子製造技能士2級(洋菓子)。1988年福岡県生まれ。2009年、中村調理製菓専門学校製菓技術科卒業後、パティスリー、同校職員、企業の商品開発などの仕事に携わる。2019年4月より「みのすけ通信お菓子教室」として独立。企業のレシピ開発、教室、イベントなども精力的に手がけている。現在は夫と6歳の長男と1歳の次男、猫の4人＋1匹暮らし。仕事と子育てで忙しい日々を送っている。著書に『「みのすけ通信お菓子教室」のかわいいシェアスイーツ』『食感と軽さがうれしい「米粉」で作る いつものお菓子』(共に文化出版局)など。

HP : https://www.minosuke9.com

Instagram :
@minosuke9

アートディレクション・デザイン
小橋太郎(Yep)

撮影
公文美和

スタイリング
池水陽子

調理アシスタント
石原 萌
本田千裕

校閲
山脇節子

編集
小橋美津子(Yep)
田中 薫(文化出版局)

Special Thanks
野中 高

ふんわりしっとり
生地がおいしい米粉シフォン

2024年4月20日　第1刷発行
2024年8月30日　第2刷発行

著　者　柳谷みのり
発行者　清木孝悦
発行所　学校法人文化学園 文化出版局
　　　　〒151-8524　東京都渋谷区代々木3-22-1
　　　　電話　03-3299-2485(編集)
　　　　　　　03-3299-2540(営業)
印刷・製本所　株式会社文化カラー印刷

文化出版局のホームページ　https://books.bunka.ac.jp/